寺本康之の
社会学
The BEST PLUS

ザ・ベスト
プラス

寺本康之 著

エクシア出版

はじめに

　こんにちは。寺本です。今回はついに政治学、行政学に続き「社会学」の書籍を出版させていただくことになりました。まさかここまで来るとは思っていませんでしたが、社会学は一般の書籍が少なく、以前から「出版してほしい」という声を多数いただいていた科目です。今回はその期待に応えるために頑張ってしまいました（笑）。

　さて、社会学は、個人的には一番好きな科目です。政治学や行政学では扱わないようなコアな社会現象を分析する学問なので、マニアにはたまらない科目だと思います。しかも思想的・哲学的な部分もあるので、理解に時間がかかるという、なんとも憎たらしい奥深さを持った科目です。しかし、試験ともなるとそんなことは言っていられません。一刻も早く問題を解くための知識を身に付けなければなりません。それゆえ、試験に出ない知識は一切無視する必要があります。ちょっと寂しい気がしますが、しかしそこに私の書籍の存在意義があるわけですね。

　今回も政治学、行政学と同じように、過去問等を章末に一問一答形式にばらして多数載せてあります。これを上手く利用することで、合格レベルに一気に近づくことができます。また、いつものことですが、本書には受験生の暗記を助ける様々な仕掛けがしてあります。その仕掛けを一緒に楽しんで、社会学を得意科目にしていきましょう。本書が皆様にとって良書となることを期待します。

　最後に、私の拙い文章をいつも丁寧に整理し、私の良さを最大限に引き出してくれる堀越さんをはじめ、エクシア出版のスタッフの皆様に感謝申し上げます。

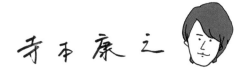

CONTENTS

How to use The BEST

1

難易度 ★★★
頻出度 ★★★

社会集団

公務員試験では、どの試験種においても頻出です。特に組織
集団の類型はとてもよく出題されるのでしっかりと押さえて
おきましょう。

難易度・頻出度
時間がない時は、難易度の★が少ないもの、頻出度の★が
多いものから学習するのもアリです。

---

4 E.W.バージェスとH.J.ロックの「制度から友愛へ」

　E.W.バージェスと**H.J.ロック**は、『家族』の中で、歴史的な観点から家族の変遷
を捉えました。すなわち、前近代家族は、古い慣習や法律、権威などの社会的圧力
によって成立する「制度的家族」（社会的圧力下にある家族）が支配的だったと言い
ます。ですが、産業革命による産業社会の進展とともに、家族像は姿を変え、相互
の愛情に結びつく平等を基調とした「友愛的家族」に変化したと主張しました。こ
の友愛的家族は、家族内の集団的凝集性が制度的

学者などの人物名
Sランク…黒い太字＋下線。
　　　　　必ず押さえておきたい、試験で頻出の超重要人物です。
Aランク…黒い太字のみ。
　　　　　Sランクまではいかないものの、合格ライン到達に欠かせない重要人物です。

PLAY & TRY

1. ル・ボンは、「世論と群衆」を著し、ジャーナリズ
ムやマスコミが提供する情報に基づいて利害や
関心を共有する人々を公衆と名付け、冷静に行

PLAY & TRY
実際の本試験問題で、インプットした
知識を確認。正誤の判断が即座にでき
るようになるまで繰り返しましょう。
また、解くことよりも、読んで誤りを
確認することの方を重視しましょう。

きましょう。「平らに並べるタイラー」と覚えてお
みに、タイラー
ていません。で
を峻別して定義
さい。

E. タイラー

文化も文明も同じ
ようなものだ。い
ろいろと並べてみ
よう。

人物イラスト
重要人物ばかりです。試験で
使えるキーワードを話してい
るので、セリフも要チェック！

定的カ‥‥積極的に評価しています。特徴は次の
通りです。

Teramoto's Trivia

J.G. タルド

タルドは眼病のため大学を中退してしまったんだ。でも勉強をしっかり継続して裁判官になった。とて
も優秀な人だったんだね。

Teramoto's Trivia
登場人物に関する雑学、暗記のゴロ合わせなど、著者の豆知識をまとめています。
もしかしたら、記憶の手助けになるかも……！？

ミント先生

ペン太

ペン子

ナヤミン

ハカセ

デビル

Youtubeでポイント講義を無料配信！

▶右の QR コード
または
下記アドレスから
アクセス！

https://www.youtube.com/channel/
UCOnXMnHpBfm7aSpIgvTkpsw

社会集団

公務員試験では、どの試験種においても頻出です。特に組織集団の類型はとてもよく出題されるのでしっかりと押さえておきましょう。

1 社会集団とは

　社会学の研究対象となる集団を「社会集団」と呼びます。20世紀を代表する社会学者であるP.A.ソローキンの分類が有名です。ソローキンは、集団を組織性に着目して分類しました。これには大きく「組織集団」と「非組織集団」(未組織集団)の2つがありますが、組織集団は、持続性を有し、一定の規則性に基づいて存在している集団です。一方、非組織集団はこれらの特性を持っていない集団で、「群衆」「公衆」「大衆」の3つがあります。詳しくは後述するとして、簡単に示すと次のようになります。

社会集団の類型

社会集団
- 組織集団
  - 基礎集団
  - 機能集団
- 非組織集団(未組織集団)
  →群衆・公衆・大衆

2 非組織集団(未組織集団)

1 群衆・公衆・大衆とは

　では、まず非組織集団の方から解説をしていきます。「群衆」は一時的に集合し、

やがて去っていく人々のことを指します。暴徒という言葉がありますが、これも群衆の一種だと思ってください。群衆を研究した人にフランスの**G. ル・ボン**がいます。彼は『群衆心理』という本を書き、貴族エリート主義的な立場から革命勢力を「群衆」と定義して、非合理性を有する点を批判しました。つまり、群衆は何かの事件をきっかけにして街中にワ～ッと集まる大量の人間（大群）を指し、その場の雰囲気に触発され、簡単に扇動されてしまう非合理的な存在だ、と批判したのです。ただ、同時に古い体制をぶち壊す革新的な原動力ともなりうることを指摘しています。特徴をいくつか挙げてみますので、「あ～、そう言われればそうだな～」くらいに思っておいてください。

群衆は非合理的だから好きになれないなぁ……。

G. ル・ボン

群衆の特徴

- ✓ **空間的・物理的に**局在
- ✓ **共通の関心ごと**がある
- ✓ **成立・存続が**一時的
- ✓ **偶発的に**形成され、非合理的

次に、「公衆」を定義した人を紹介します。その名は**J.G. タルド**です。この人もフランスの人ですね。『世論と群衆』という本を書いています。彼は公衆を「散在（拡散）した群衆」と定義し、群衆とは異なり、世論形成者の役割を果たすとしました。ジャーナリズムやマスコミがもたらす共通の利害や関心ごとを共有し、合理的に行動することができるので、まともな世論を形成することができると言います。教養もあって財産も有する「市民」と同じような意味合いだと考えていいかもしれません。常に冷静さを保ちながら行動できる理性的な存在として、肯定的かつ積極的に評価しています。特徴は次の通りです。

つまり、空間的に散在し、物理的な距離は離れていても心理的には結合している個人たちの散乱分布であるとしたんだ。

離れていても…… 思いはひとつ……

公衆は賢くて好きだ。合理的な判断ができるのは実に素晴らしい！

J.G. タルド

公衆の特徴

- ✓ **空間的・物理的に**散在
- ✓ **マス・メディアから受けた**共通の関心ごと**がある**
- ✓ 合理的**存在**
- ✓ 世論形成者**であり、**近代民主主義の担い手

最後に「大衆」です。大衆は異質性をその特質として備え、互いに見知らぬ個人から構成されている匿名集団です。合理性を欠き、マス・メディアを通じて受動的に情報等を受け取るだけの存在です。**J. オルテガ・イ・ガセット**は『大衆の反逆』という著書の中で、大衆による政治的な支配を批判し、貴族エリート主義を擁護しました。また、**K. マンハイム**は『変革期における人間と社会』において、現代の産業社会が大衆による非合理的な衝動によって破滅することを説きました。つまり、現代社会には産業社会と大衆社会の二側面があって、せっかく産業社会として精密化されてきた現代社会の機構が、大衆社会に集積している非合理的衝動の暴発によって、全面的な破壊に陥る危険があるとしたのです。大衆のパワーはすえ恐ろしいですね。大衆の特徴は次の通りです。

大衆による政治的な支配は危険だ！

J. オルテガ・イ・ガセット

彼は何のとりえもない平凡な人々を「大衆的人間」と呼び、この人たちがヨーロッパ社会をぶち壊す、と批判したんだ。

大衆の非合理的な衝動に対しては危機感を持っているんだ。

K. マンハイム

大衆の特徴

- ✓ 異質的で非合理的
- ✓ 共通の関心ごとがない**匿名の不特定多数者**
- ✓ **空間的・物理的に**散在
- ✓ **接触が**希薄
- ✓ **マス・メディアに対して**受動的**（マス・メディアの客体に過ぎない）**

2 W.A.コーンハウザーの大衆社会論

W.A.コーンハウザーは、1959年に『大衆社会の政治』を著し、**大衆のエリートへの接近可能性の高低**と、**エリートによる大衆操作の可能性**、つまり**非エリートの操作（操縦）可能性の高低**という2つの指標をもとに、社会類型を4つに分類しました。具体的には、それぞれの指標の高低の組合せにより、「共同体的社会」「多元的社会」「大衆社会」「全体主義的社会」の4つに分類しました。政治学でも出題され、非常にコスパのいい人物です。改めて確認しておきましょう。

コーンハウザーの4分類

		非エリートの操作（操縦）可能性	
		低い	高い
エリートへの 接近可能性	低い	共同体的社会	全体主義的社会
	高い	多元的社会	大衆社会

まず、エリートへの接近可能性が低く、非エリートの操作可能性も低い社会を「共同体的社会」と呼びます。これは、前近代的な封建社会や部族社会のようなものを思い浮かべてもらうといいと思います。エリートに物を申すことはできないけれど、操作もされないということですから、これはこれである意味平和な社会と言えそうです。次に、エリートへの接近可能性が低いのに、非エリートの操作可能性が高い社会を「全体主義的社会」といいます。これは、エリートに物申すことができないのに、エリートが大衆を容易に操作できてしまう、非常に危ない社会と言えます。さらに、エリートへの接近可能性が高く、非エリートの操作可能性が低い社会を「多元的社会」と呼びます。大衆が物申すことができて、なおかつ操作もされにくいわけですから、人々が自律性な判断能力を備えている民主的な社会と言えそうです。アメリカやイギリスは、この多元的社会だと言っていいと思います。コーンハウザー自身もこれが一番いいと考えていたようですね。最後に、現実の世界によくみられるのが「大衆社会」です。エリートへの接近可能性が高いだけではなく、同時に非エリートの操作可能性

> コーンハウザー自身も、現代社会を大衆社会と位置付けているよ。

も高い、という特質を備えている社会で、まさにその名の通り、一般用語の大衆社会ですね（笑）。イメージ通りなのではないでしょうか？ 民主政治が成熟していないと、このようないびつな感じになってしまいます。

③ W.H. ホワイトの「オーガニゼーション・マン」

W.H. ホワイトは『組織のなかの人間：オーガニゼーション・マン』の中で、大衆社会の中で見られる人間像について指摘しました。どんな人間像かというと、自分の全人格を積極的に組織に帰属させ、絶対的な忠誠を誓うタイプの組織人です。彼はこのような人々を「オーガニゼーション・マン」と呼び、大衆社会特有の社会現象だと指摘しました。そして、このような精神が一種の社会的倫理として正当化され、中間層にも受け入れられてきている、としたのです。ただ、絶対的な忠誠を誓うというのは結構危

W.H. ホワイト

オーガニゼーション・マンはよい面もあれば悪い面もある！

昭和のサラリーマンタイプと言ってもいいかもしれない。今の若い子にはわからないかもしれないなぁ……。

ないですよね……。このような人は他者や集団の関係性を超重視するので、生き方もそれらに縛られがちです。そこで、個人と組織の間に、協調だけではなく対立などの緊張関係を取り戻すことも必要だとして、個人主義の復活を唱えました。

---

3 組織集団

① 基礎集団と機能集団

「基礎集団」とは、血縁や地縁によって形成された集団です。自然発生的な集団というイメージを持っておくといいと思います。一方、「機能集団」とは、目的集団とも呼ばれるように、特定の目的を果たすために人為的に形成された集団です。目的があるわけですから、ちゃんとした組織を持ち、合

近代社会では、この機能集団が基礎集団に優位すると言われているよ。

理的に運営されます。この用語だけならたいしたことないのですが、この２つを念頭に様々な学者が自分なりの分類を試みています。

次にまとめてみますので、一度、学者とその呼び名をセットで覚える努力をして

みてください。試験では、ポイントさえ押さえていれば得点につながります。

2 F.テンニースの「ゲマインシャフトとゲゼルシャフト」

ドイツの**F.テンニース**は、『ゲマインシャフトとゲゼルシャフト』という著書の中で、成員相互の結合の性質に着目し、集団をゲマインシャフトとゲゼルシャフトの2つに分けました。「ゲマインシャフト」とは、感情的・

F.テンニース

ゲマインからゲゼルへ、と覚えよう!

情緒的な「本質意志」に基づく結合体です。家族や村落などの共同社会が具体例です。一方、「ゲゼルシャフト」とは、自己と他者の利益を目的のための手段とする人為的・利害的な「選択意志」に基づく結合体です。企業や都市、国家などの利益社会が具体例です。そして、テンニースは、時代が進むにつれ、ゲマインシャフトからゲゼルシャフト優位の社会へ移行していくという因果を示しました。ただ、ゲゼルシャフト優位の社会について、彼自身はあまり評価していないようですね。結構、悲観的に見ているように思えます。

なお、テンニースは補足的にゲゼルシャフトのさらに後にくるべき第三の社会を「ゲノッセンシャフト」(協同組合的な社会)と呼んでいる。これは、ゲマインシャフト＋ゲゼルシャフトという混合社会のようなものだと考えておけばいいかもね。

3 C.H.クーリーの「第一次集団」

C.H.クーリーは、『社会組織論』の中で、成員相互の接触の形に着目し、第一次集団という言葉を用いました。「第一次集団」は、クーリーの基礎集団の呼び名で、少数の成員の親密な対面的な「直接接触」による結合体です。他の集

C.H.クーリー

私は「第一次集団」しか唱えていないよ。覚えておいて!

団との関係を安定化させ、社会秩序の形成や維持に役立つと言います。家族や遊び仲間、近隣集団などが具体例です。これに対し、クーリーの後継者らが考案したのが「第二次集団」です。これは「間接接触」によって、特殊な利害関心に基づき形成された、大規模な人為的結合体です。学校や政党、労働組合、企業などがこれにあたります。とにもかくにも、第二次集団はクーリー自身の提唱した概念ではない

という点がポイントです。

④ F.H.ギディングスの「生成社会と組成社会」

F.H.ギディングスは、集団の成立の契機に着目して、生成社会と組成社会とに分類しました。「生成社会」とは、血縁や地縁に基づき自生的に成立し（すなわち自然発生的に形成され）、成員の間に類似の意識が備わっている結合体です。家族や民族、村落などがこれにあたります。一方、「組成社会」とは、ある特定の目的を達成するために人為的に作り出された結合体で、生成社会の内部で分業によって社会的な機能を一部担当する集団と言えます。教会や労働組合、国家などがこれにあたります。「ギディングスは清楚（生組）な女性が好き」と覚えておきましょう。

「生」という言葉から自然発生的なイメージを、「組」という言葉から人為的に作り出したというイメージを持てるといいね。

⑤ R.M.マッキーバーの「コミュニティとアソシエーション」

R.M.マッキーバーは、『コミュニティ』の中で、成員の関心の充足度に着目し、自然発生的で、特定の地域の関心が全体の意志として承認されている結合体を「コミュニティ」（共同体）と呼びました。言い換えると、人間の生活

全体の関心か特定の関心かという指標だよ。

関心の全てを充たす自然発生的な地域社会ということになります。村落や都市、国が具体例です。一方、コミュニティを基礎として、特定の関心や利害の追求のために組織される人為的な機能集団を「アソシエーション」と呼びました。特定の生活関心を充たすために人為的につくり出された集団ということですね。家族や学校、企業、国家などを具体例としています。なお、このマッキーバーについては注意点が2つあります。まず、「国」は国境を越えた地域で成り立つ自然発生的なものなのでコミュニティとする反面、「国家」は社会秩序を維持するためという政治的な目的のために作られる人為的な機能集団なのでアソシエーションに位置付けている点です。次に、社会が進めばコミュニティが拡大するので、その内部で特定の利害関心を実現するためにコミュニティを基礎としたアソシエーションが分化していくと

コミュニティはアソシエーションを生み出す母体だ！

R.M.マッキーバー

Teramoto's Trivia
マッキーバーは、政治学でも多元的国家論を支持した人物として登場する！

した点です。アソシエーションがたくさん生み出されるといったイメージですね。

⑥ W.サムナーの「内集団と外集団」

W.サムナーは、対人感情に着目し、集団を内集団と外集団の２つに分類しました。「内集団」は、個人が愛着と忠誠の態度で接する集団で、自分がそこに所属することで、他の所属メンバーを「われわれ」と意識できるような結合体です。成員が帰属感や愛着心を持っているという点が特徴です。一方、「外集団」は、敵意、無関心、好意など幅広い態度を示す集団ですが、いずれにおいても、そこに所属する人々を「かれら」としてしか意識できないような結合体です。よって、帰属感や愛着心を感じられないという特徴を持ちます。簡単に「僕らの内集団、あいつらの外集団」と覚えておけばいいでしょう。

⑦ G.E.メイヨーとF.J.レスリスバーガーの「フォーマル組織とインフォーマル組織」

G.E.メイヨーとF.J.レスリスバーガー
は行政学でも勉強した人が多いと思いますが、ここで再登場です。彼らは、組織目的を達成するために人為的に編成された集団を「フォーマル組織」と呼びました。行政官庁や企業などに見られる部局などがこれにあたります。また、フォーマル組織の中に個人が感情にもとづいて自然につくりあげた集団を「インフォーマル組織」と呼びました。職場仲間などが典型ですね。

> 行政学では、「人間関係論」という学説を勉強したよね。組織の能率にとっては、フォーマル組織だけではなく、インフォーマル組織も重要だと指摘したのだった。ホーソン工場の実験で発見したんだよ。

> インフォーマルな方が本音をしゃべれるからモチベ維持にはいいよね。

G.E.メイヨー

⑧ 高田保馬の「基礎社会と派生社会」

高田保馬は、日本人の学者なので一番覚えやすいでしょう。彼は、社会の紐帯の違いを基準にして、社会を二分しました。「紐帯」というワードは難しいのですが、要するに「結びつき」のことで

> 「紐帯」ってなかなかカッコイイと思うんだけど、どう？

高田保馬

す。格好よく難しく言っているだけだと思っておきましょう。まず、地縁、血縁など
の原始的・自然的な集団を「基礎社会」と呼びました。これは基礎的な直接的紐帯
によって結合する社会だと言えます。家族、村落、都市などがこれにあたります。
ただ、基礎社会は近代化が進むにつれ機能分化が進んでいくので、衰退していくと
しています。一方、基礎社会から派生する類似や利害の一致などの派生的紐帯によ
る人為的な結合体を「派生社会」と呼びます。学校、会社、政党などが典型です。

基礎集団と機能集団のまとめ

人物	基礎集団	機能集団
テンニース	ゲマインシャフト	ゲゼルシャフト
クーリー	第一次集団	第二次集団 → クーリーの後継者が提唱
ギディングス	生成社会	組成社会
マッキーバー	コミュニティ	アソシエーション
高田保馬	基礎社会	派生社会

ほかにも、サムナーの内集団と外集団、メイヨーとレスリスバー
ガーのフォーマル組織とインフォーマル組織などがあるね。

---

4 準拠集団

　準拠集団とは、人々が自己自身との関連で、態度や判断を形成したり変容させた
りするのに影響を与える集団をいいます。影響を与えるのでレファレンス・グルー
プなどと呼ぶこともあります。ざっくりと「俺（わたし）は○○のメンバーだ」と
いう場合の○○部分が準拠集団だと思っておけばいいでしょう。H.ハイマンによっ
て初めて用いられ、その後、**R.K.マートン**によって体系化され、理論化されました。

　準拠集団の機能には、規範的機能と比較
機能があります。規範的機能とは、集団の
メンバーとして、その集団の持つ規範に
沿って行動するよう働きかける機能をいい
ます。集団に受け入れてもらいたいがあま

私が準拠集団を理論化
したと言われているけど、
先人たちの努力を体系
化したということです。

R.K.マートン

Teramoto's Trivia

高田保馬賞というのがあるのは知っているかな？ 経済社会学会が制定した賞だよ。

り、集団の規範に従順に従うようになるというイメージですね。もちろん自分に合わない準拠集団の規範には従わないわけですけれどね。一方、比較機能とは、ほかの集団に帰属した場合との待遇の差などを認識させる機能です。これが自分や他人を評価する際の基準になります。「あっちの会社は月収40万円だけど、俺の会社は35万円……、よし、こんな会社やめよう」みたいな感じですね（笑）。これに関しては、有名な社会学者の研究を覚えておきましょう。第二次世界大戦時の兵士の態度や感情、行動などを実証的に検証した社会学者**S.スタウファー**の研究です。これは、アメリカ軍の兵士の「相対的不満感・剥奪感」が、自分たちの準拠集団を他の準拠集団と比較したときに生じることを指摘したものです（『アメリカ兵』より）。これは、兵士たちの不満感・剥奪感について、所属集団や帰属集団が大きな影響を持っていることを示すものです。

マートンは、スタウファーの『アメリカ兵』を参考にして、準拠集団の研究を進めたらしいよ。

　最後に、準拠集団の特徴をまとめておきましょう。次の３つは覚えておくと試験で役立ちます。

準拠集団の特徴

① 現在所属している集団だけが準拠集団ではない

準拠集団は一般的に家族や友人など、身近な所属集団からなることが多いのですが、現在所属していない集団も準拠集団となりえます。過去に所属していた集団や、将来所属したいと思っている集団も準拠集団となりえるのです。元公務員が辞めた仕事の職業倫理（守秘義務など）を守り続けることは当然ありますし、皆さんのように将来就きたい仕事の職業倫理を先取りして遵守するケースも見られるからです（予期的社会化または期待的社会化）。公務員の職場は準拠集団なのだと思っておけば、モチベーションアップにつながるかもしれませんね。

② 準拠集団は１つだけではない

現代に生きる私たちは活動の自由が保障されているため、１人が複数の準拠集団を持っていることがほとんどです。私に引き直すと、家族、地域、予備校、大学、制作会社……などたくさんありますね。ただ、このように多くの準拠集団を持っているということは、時として準拠集団の規範がぶつかり合い、葛藤を生むことになる可能性もあります。

③ 積極的準拠集団と消極的準拠集団

自分が好意を持っている準拠集団を、積極的準拠集団といいます。また、その逆が消極的準拠集団です。要は自分が嫌いな準拠集団ですね。皆さんが所属している準拠集団はどちらが多いですか？ すべて積極的準拠集団だ、という人は意外と少ないのではないでしょうか。

PLAY&TRY

1. ル・ボンは、「世論と群衆」を著し、ジャーナリズムやマスコミが提供する情報に基づいて利害や関心を共有する人々を公衆と名付け、冷静に行動することのできる理性的な存在とみて、近代民主主義を支えるものとして肯定的かつ積極的に評価した。

【特別区 H27】

2. タルドは、「群衆心理」を著し、群衆は何かの事件をきっかけにして街頭に集合する大量の人間を意味し、その場の雰囲気によって簡単に扇動される非合理的な情動すなわち群衆心理の支配する存在として批判的な見方をした。

【特別区 H27】

3. G.タルドは、群衆を、暗示により扇動され、合理的判断を容易に失い、不善をなすような存在であるとみなした。また、彼は、群衆は異質性の高い成員で構成される組織化された集合体であるとした。

【国家一般職 H29】

1. ×
タルドに関する説明である。

2. ×
本肢のように群衆について述べたのは、ル・ボンである。

3. ×
ル・ボンに関する説明である。また、群衆は異質性が高くない。

4. K.マンハイムは、公衆を、肉体的にも心理的にも結合している個人たちの散乱分布であるとした。また、彼は、社会には争点ごとに多数の公衆が存在するが、一人の人間が同時に複数の公衆に所属することはできないと指摘した。

【国家一般職H29】

5. G.ル・ボンは、公衆を、空間的には広い地域に散在しながら、ジャーナリズムやマスコミが提供する情報に接触することによって、共通の関心などを持ち、合理的に思考し行動することのできる存在であるとみなした。

【国家一般職H29】

6. J.オルテガ・イ・ガセットは、ある程度の教養や私有財産を備え、自らの価値を自覚する文明人を「大衆的人間」と呼び、大衆的人間が社会の指導的地位に立てるようになった大衆社会の下では民主化が進行するとして大衆的人間を評価した。

【国家一般職H29】

7. コーンハウザーは、「大衆社会と政治」を著し、大衆のエリートへの接近可能性の高低と、エリートによる大衆操作の可能性の高低という2つの要因を抽出し、その高低の組合せにより、共同体的社会、多元的社会、大衆社会、全体主義的社会の4つの社会類型に分類した。

【特別区H27】

4. ×
公衆を定義したのは、タルドである。また、公衆は肉体的には結合していない。むしろ散在している。

5. ×
タルドの誤り。

6. ×
何のとりえもない平凡な人々のことを「大衆的人間」と呼んだので誤り。また、彼は大衆的人間を批判した。

7. ○
そのとおり。
4つそれぞれの特徴を押さえておこう。

8. コーンハウザーは、その著書「大衆社会の政治」において、共同体社会を、大衆がエリートに入り込んだり、エリートに影響を及ぼしやすいという「エリートへの接近可能性」が高く、しかも大衆がエリートによって容易に操作されやすいという「非エリートの操縦可能性」も高い社会として特徴づけた。

【特別区 R 1 改題】▶政治学で出題

9. コーンハウザーは、大衆社会のほかに、「非エリートの操縦可能性」は高いが、「エリートへの接近可能性」が低い社会を多元的社会と、「エリートへの接近可能性」は高いが、「非エリートの操縦可能性」が低い社会を全体主義的社会とした。

【特別区 R 1 改題】▶政治学で出題

10. W.コーンハウザーは、現代社会を大衆社会と位置付けた。彼は、非エリートのエリートへの近づきやすさと、非エリートのエリートによる操作されやすさの二つの変数を用いて社会類型を分類し、両者とも高い社会を「大衆社会」とした。

【国家一般職 H29】

11. クーリーは、社会集団を第一次集団と第二次集団とに分類し、直接接触の親密な感情の強い小集団を第一次集団、間接接触の大規模な人為的集団を第二次集団とした。

【特別区 H26】

12. テンニースは、社会集団をゲマインシャフトとゲゼルシャフトとに分類し、成員相互の結合の性質が利害的な利益社会をゲマインシャフト、成員相互の結合の性質が情緒的な共同社会をゲゼルシャフトとした。

【特別区 H26】

8. ×
共同体社会ではなく、大衆社会の誤り。

9. ×
多元的社会と全体主義的社会が逆である。

10. ○
そのとおり。
彼が現代社会を大衆社会と位置付けた点は重要である。

11. ×
第二次集団はクーリーの後継者が提唱したものである。

12. ×
情緒的な本質意志に基づくのがゲマインシャフトで、利害的な選択意志に基づくのがゲゼルシャフトである。

13. ギディングスは、「ゲマインシャフトとゲゼルシャフト」を著し、成員相互の結合の性質を基準に、社会集団をゲマインシャフトとゲゼルシャフトに分類した。

【特別区H29改題】

14. ゲマインシャフトは、自然発生的な本質意志に基づく利益社会であり、血のつながりによる家族、地縁による村落、友情に基づく中世都市が典型である。これに対して、ゲゼルシャフトは、打算的で合理的な選択に関連した人為的な選択意志に基づく共同社会であり、法による大都市、交易による国家、文明を表す世界が典型である。

【特別区H29改題】

15. ギディングスは、社会集団を生成社会と組成社会とに分類し、血縁と地縁にもとづく自生的に発生した社会を生成社会、類似の目的や活動のために人為的につくられる社会を組成社会とした。

【特別区H26】

16. マッキーバーは、社会集団をフォーマル組織とインフォーマル組織とに分類し、組織目的を達成するために人為的に編成された体系をフォーマル組織、個人が感情にもとづいて自然につくりあげた集団をインフォーマル組織とした。

【特別区H26】

17. R.M.マッキーヴァーは、アソシエーションとは、特定の関心に基づいて形成されるコミュニティを生み出す母体であるとした。そして、彼は、コミュニティは常にアソシエーションよりも部分的であり、アソシエーションは常にコミュニティよりも包括的かつ全体的であると考えた。

【国家一般職H30】

18. メイヨーは、社会集団をコミュニティとアソシエーションとに分類し、人間の生活関心の全てを充たす自然発生的な地域社会をコミュニティ、特定の生活関心を充たすために人為的につくられた集団をアソシエーションとした。

【特別区H26】

17. ×
アソシエーションとコミュニティが逆である。

18. ×
本肢はマッキーバーに関する説明である。

過去問の8, 9は、政治学でも問われる知識だよ。

家族論

難易度 ★ ★ ★

頻出度 ★ ★ ★

家族論は社会学固有のテーマで度々出題されます。どのような類型があり、どのような役割を果たしているのでしょうか。学者と理論の組み合わせを覚えましょう。

1 家族の形態

1 G.P. マードックの3類型

　家族は一番小さな社会単位で、社会学はこの家族を研究対象にしています。家族の形態には様々なものがありますが、これを本格的に研究したのが**G.P. マードック**です。マードックは超頻出です。文化人類学者である彼は、『社会構造』の中で、現存する約250の未開社会を資料にして研究を加え、その家族の形態を類型化しました。結論から言うと、マードックは、いかなる時代、地域でも社会には核家族というものがあり、核家族は普遍的な存在であるとしました。これを「核家族普遍説」といいます。そして、この核家族を最小単位として、それ自体として存在することもあれば、これを複合的に組み合わせてほかの類型が現れるとしました。次にまとめてみます。

マードックの3類型

核家族	夫婦のみ、あるいは夫婦とその未婚の子からなる家族形態。
	父——┬——母 子

Teramoto's Trivia　ちなみに、日本の核家族率は85％を超えているよ。

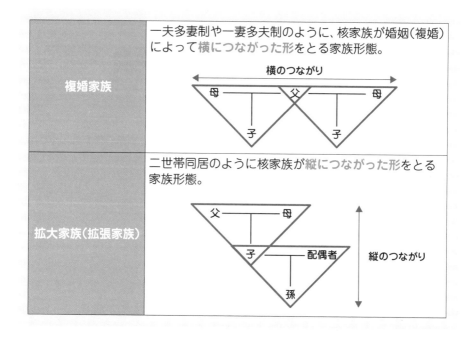

| 複婚家族 | 一夫多妻制や一妻多夫制のように、核家族が婚姻（複婚）によって横につながった形をとる家族形態。 |
| 拡大家族（拡張家族） | 二世帯同居のように核家族が縦につながった形をとる家族形態。 |

どうでしょうか？　どの類型にも核家族が含まれているのが分かりますよね。これが「核家族普遍説」のイメージです。また、これ以外にも「家」制度からの家族の3分類というものが存在します。これは日本における分類と思っておけばいいのですが、具体的には、「夫婦家族」「直系家族」「複合家族」に分けられます。マードックの分類との整合性をつけるという観点から、覚えておきましょう。まず夫婦家族とは、夫婦とその未婚の子からな

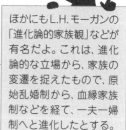

ほかにもL.H.モーガンの「進化論的家族観」などが有名だよ。これは、進化論的な立場から、家族の変遷を捉えたもので、原始乱婚制から、血縁家族制などを経て、一夫一婦制へと進化したとする。

る家族で、マードックの分類でいう核家族と同じ意味です。次に直系家族とは、1人の子どもが跡継ぎとなり、両親と同居し続ける家族形態です。マードックの分類でいうと一種の拡大家族にカテゴライズできます。最後に複合家族とは、複数の既婚子が両親と同居し続ける家族形態です。これも一種の拡大家族であると言えるでしょう。

② E. リトワクの「修正拡大家族」

　アメリカの社会学者 **E. リトワク**は、家族を「古典的拡大家族」と「修正拡大家族」に分けました。古典的拡大家族はマードックのいう普通の拡大家族だと思ってもらえればOKですが、現代の産業社会においては、古典的拡大家族のようなものはすたれてしまったと言います。その代わり、地理的距離の差にかかわらず、子どもの世話や情報交換、介護などの場面で相互に部分的に依存し合う状態にある核家族連合である「修正拡大家族」が重要な役割を果たしているとしました。これを修正拡大家族論といいます。非同居だけど気持ちの上ではつながっていて、いざというときには頼りになる、そんな家族が修正拡大家族だと考えてみれば、おのずと理解も深まるのではないでしょうか？

③ P.G.F. ル・プレーの３類型

　P.G.F. ル・プレーは、①伝統維持と②個人的才能の発揮、という２つの側面に着目して、家族を次の**３つに類型化**しました。２つの側面のバランスから、次の３つに類型化できると言います。

ル・プレーは、不安定（核）家族から直系家族へ、その後、家父長（共同体）家族へと移行したという。

ル・プレーの３類型

家父長（共同体）家族	家父長が子どもたちを協力させる大家族。①伝統維持は大きく、②個人的才能の発揮が小さい。
不安定（核）家族	夫婦中心の核家族。家父長の権威が下がり、子どもの独立や個人指向などが表れる点が特徴である。①伝統維持は小さく、②個人的才能の発揮が大きい。
直系家族	子どもの１人が結婚後も親と同居する一子相続の家族。①伝統維持②個人的才能の発揮ともにバランスがとれている。

④ W.L. ウォーナーの「定位家族」「生殖家族」

　W.L. ウォーナーは、人は一生のうちに２つの家族を経験すると言います。これをそれぞれ「定位家族」と「生殖家族」と名付けました。逆に覚えないように注意しましょう。まず、定位家族とは、その人の意志とは無関係に、選択の余地なくそこ

に産み落とされ、育てられる（社会化される）家族です。子ども時代を過ごした家族で、もともと定まっているので「定位」という言葉を使います。一方、生殖家族とは、自らが結婚により形成する家族です。結婚した人が属する家族だと思っておきましょう。「生殖」で新たに形成するイメージを持っておけばいいと思います。

5 E.W.バージェスとH.J.ロックの「制度から友愛へ」

E.W.バージェスと**H.J.ロック**は、『家族』の中で、歴史的な観点から家族の変遷を捉えました。すなわち、前近代家族は、古い慣習や法律、権威などの社会的圧力によって成立する「制度的家族」（社会的圧力下にある家族）が支配的だったと言います。ですが、産業革命による産業社会の進展とともに、家族像は姿を変え、相互の愛情に結びつく平等を基調とした「友愛的家族」に変化したと主張しました。この友愛的家族は、家族内の集団的な凝集性が制度的家族と比べると弱くなるという側面や、外部からの影響も受けやすいという側面を有します。また、フラットな関係を基礎としているため、愛情が薄れれ

社会的圧力がないので、防御力が低下するということだよ。

ば離婚へとつながることもあり、永続性の点からから不安定になりがちだとしています。試験的には「制度から友愛へ」というスローガンとして覚えておくのがいいでしょう。

6 P.アリエスの「子供の誕生」

P.アリエスは、『〈子供〉の誕生』の中で、17世紀以前の西欧社会には子供という概念があまりなく、子供は職場に出て一緒に働く大人のような存在（小さな大人）だったと言います。つまり、近代以前は大人と子供の区別があいまいだったので、子供は存在していなかったということです。しかし、近代以降になると、子供という概念が登場します。大人による愛情が注がれる対象、言い換えれば養育の対象となったのです。近代以降になって初めて大人と子供の区別が出来上がったというわけです。

子供は近代以降に生まれた概念だ。

P.アリエス

近代家族の出現とともに「子供期」という概念が生まれたんだね。

Teramoto's Trivia

アリエスは大学の教授職にはつかずに、オリジナルの歴史研究を進めた。

7 E.ショーターの「ロマンティック・ラブ」

　E.ショーターは、アリエスに影響を受けて、『近代家族の形成』を著しました。彼の近代家族の3要素は、恋愛による結びつき（ロマンティック・ラブの男女関係）、母子間における情緒面の絆（母子関係）、家族と周囲の共同体との間の境界線（家族の自律性）の3つを挙げました。特に、男女間が恋愛によって結びつくことを「ロマンス革命」を呼びました。「ロマンティックが止まらないショーター」と覚えましょう。

8 W.J.グードの「夫婦家族イデオロギー」

　W.J.グードは、家族が過去50年の間に夫婦家族化したことに着目しました。そして、『世界革命と家族類型』を著し、その中で現代の核家族化という家族変動の要因は、産業化といった経済的・技術的変数のみによって説明するのは無理だと指摘しました。そのうえで、家族変動の要因として、民主主義や両性の平等といった「夫婦家族イデオロギー」の要素を重視する必要があると主張しました。この夫婦家族イデオロギーなるものの進展が家族の伝統的規範を弱め、夫婦家族化を促した、というわけです。

2 家族の機能

1 G.マードックの「4機能説」

　G.マードックは「核家族普遍説」との関連で、核家族の機能を次の**4**つに分けました。まずは「4つ」という数から覚えると効率的です。4つの機能のうちどれかが違う集団にとって代わられることはありますが、4つすべてを家族に代わって行う集団はないとされていて、これが核家族普遍説の正しさを証明する根拠となっていると言います。

マードックの4機能説

性	男女の間に性の特権を与えること。
経済 （経済的協働）	衣食住を共にする経済的な協同で、性別的な役割分業（お爺さんは山へ芝刈りに、お婆さんは川へ洗濯に、的なイメージ）。
生殖	子どもを産むこと。
教育	子どもを一人前の大人に育て上げる養育。

② T.パーソンズの「2機能説」と役割分業

T.パーソンズとR.F.ベイルズは、『家族：核家族と子どもの社会化』という共著の中で、家族の機能を**2つ**に分けました。詳しくは次のようになります。子ども目線と大人目線の2つだ、と覚えるといいかもしれません。

パーソンズの2機能説

子どもの社会化	子どもを一人前の大人に育てる養育。
大人のパーソナリティの 安定化	大人に精神的な安らぎを与える（情緒的な安定）。

　また、パーソンズらは、家族内でそれぞれが果たす役割についても考察を加えています。それによると、役割は2つあると言います。1つ目が「手段的役割」です。これは、外部環境である社会への適応と課題遂行を意味します。ざっくり言うと、仕事面だと思っておけばいいですね。家族内でこれを担うのは父であるとしています。そして父（リーダー）から息子（フォロワー）へと引き継がれるわけです。2つ目が「表出的役割」です。これは、家族内で緊張を和らげたり、情緒的な安定をもたらしたりする役割です。これを担うのが母（リーダー）で、娘（フォロワー）に引き継がれます。これは性別分業モデルと言われるもので、今の世の中では当然妥当しないとは思いますが、古い時代の話なのでそのまま覚えてしまいましょう。

3 W.F.オグバーンの「家族機能縮小説」

　産業化の進展により、家族の機能が小さく
なってきたと指摘したのは、**W.F.オグバーン**
です。オグバーンによれば、産業化以前の家族
には、経済・地位付与・教育・保護・宗教・娯
楽・愛情という7機能があったと言います。し

家族の機能は大幅に
縮小した！これが家
族機能縮小説だ。

W.F. オグバーン

かし、産業化が進むにつれ、愛情以外の6つの機能は、家族以外の外部集団、例え
ば学校や企業、政府などが担うようになってしまったので、家族の機能が大幅に縮
小してしまったと主張しました。家族維持のアウトソーシングが進んだということ
です。これを家族機能縮小説といいます。

4 R.O.ブラッドとD.M.ウルフの「夫婦の勢力構造」

　R.O.ブラッドと**D.M.ウルフ**は、夫婦間における意思決定の勢力構造を調べるた
めに、RA（夫と妻の相対的権威の大きさ）とDS（家庭内に共有する権威の程度）
という2つの尺度を使って調査を行い、夫婦の勢力構造を4つに類型化しました。

　彼らは「夫の職業選択」「妻の就業」「自動車の購入」「生命保険の加入」「休日の
旅行」「居住の選択」「医師の選択」「食事の予算」の8項目についてアンケートを行
い、夫婦の勢力構造を分析しました。その結果、まず「夫優位型」「妻優位型」「平
等型」の3つに分類されるという結論に至りました。ただ、その後「平等型」はさ
らに夫と妻が話し合って物事を決める「一致型」と、夫と妻がそれぞれ独断で物事
を決定していく「自律型」に分けられるのではない
かということで平等型を2つに類型化したので、最
終的には4類型となりました。

　そして、彼らはこの調査を踏まえて、夫婦の勢力関
係は学歴、収入、知識、技能などの「資源」によっ
て決められるとしました。これを「資源説」と言い
ます。それぞれが持っている資源の多さによって、
勢力構造が決められてしまうというわけですね。

> このほか、H.ロドマンは、い
> わゆる「規範説」を唱え、規範
> に裏付けされた権威が重要な
> 意味をもつとした。そして、
> 夫婦の勢力関係はその夫婦
> の存在する社会の規範が家
> 父長的であるか、平等主義的
> であるかによって異なるとし
> たんだ。

PLAY&TRY

1. マードックは、夫婦又は夫婦とその未婚の子女よりなる核家族、核家族が親子関係を中心として縦に連なった拡大家族、核家族が配偶者の一方を中心にして横に連なった複合家族の３つに家族構成を分類した。

   【特別区 H25】

2. グードは、「社会構造」を著し、家族形態を核家族、拡大家族、複婚家族の３つに分け、核家族は一組の夫婦とその未婚の子どもからなる社会集団であり、人間社会に普遍的に存在する最小の親族集団であると主張した。

   【特別区 H30】

3. ル・プレーは、現代産業社会においては、孤立核家族よりも、むしろ相互に部分的依存の状態にある核家族連合が産業的、職業的体系に対して適合性を持つという、修正拡大家族論を提唱した。

   【特別区 H28】

4. ウォーナーは、人は一生のうちに二つの家族を経験するといい、一つは、自らが結婚により形成する定位家族であり、もう一つは、その人の意志とは無関係に、選択の余地なくそこに産み落とされ、育てられる生殖家族であるとした。

   【特別区 H25】

5. バージェスとロックは、家族結合の性格が社会的圧力によって決定される制度家族から、夫婦と親子間相互の愛情と同意を基礎に成立する友愛家族への家族の歴史的変化を指摘し、友愛家族の方が永続性の点から安定しているとした。

   【特別区 H25】

---

1. ×
複合家族ではなく、複婚家族の誤り。それ以外は正しい。

2. ×
マードックの誤り。

3. ×
ル・プレーではなく、リトワクの誤り。

4. ×
定位家族と生殖家族が逆になっている。

5. ×
制度家族の方が永続性の点から安定している。

6. バージェスとロックは、社会の近代化にともなって、家族が、法律、慣習、権威などの社会的圧力に従って成立する制度的家族から、家族成員相互の愛情によって成立する友愛的家族に変容していくと唱えた。

【特別区 H30】

6. ○
そのとおり。
「制度から友愛へ」と覚えよう。

7. アリエスは、家族にまつわる感情の変化は、男女関係、母子関係、家族と周囲の共同体との間の境界線の３つの分野にわたって起き、家族に対する人々の感情の変化が近代家族を誕生させたと主張した。

【特別区 H30】

7. ×
ショーターの誤り。

8. フランスの歴史家であるP.アリエスは、子供期という概念は生物学的な根拠を持っており、どの社会にも普遍的であることを明らかにした。そして彼は、近代家族を、親密性や情緒性といった家族感情を軽視しているとして批判した。

【国家一般職 H29】

8. ×
子供期は近代以降に生まれた。また、近代家族こそが親密性や情緒性といった家族感情を重視している。

9. ショーターは、子ども期という観念がかつてはなかったが、子どもとは純真無垢で特別の保護と教育を必要とするという意識が発生し、17世紀頃までに家族は、子どもの精神と身体を守り育てる情緒的なものとなったと主張した。

【特別区 H30】

9. ×
アリエスの誤り。

10. マードックは、「世界革命と家族類型」を著し、現代の家族変動である核家族化の社会的要因として、産業化といった経済的変数や技術的変数だけではなく、夫婦家族イデオロギーの普及を重要視する必要があると指摘した。

【特別区 H30】

10. ×
グードの誤り。

11. マードックは、核家族は人類に普遍的な社会集団であり、性、生殖、経済、教育の４つの機能を持ち、そこに人類社会における基本的集団として存在理由を持つとした。

【特別区 H28】

11. ○
そのとおり。
４機能説をしっかりと覚えよう。

12. パーソンズは、核家族の役割構造を分析し、夫であり父である男性が手段的リーダーの役割を、妻であり母である女性が表出的リーダーの役割を演ずるという役割モデルを提示した。

【特別区 H25】

12. ○
そのとおり。
逆に覚えないように注意しよう。

13. モーガンは、小集団にみられる役割分化の一般的パターンを核家族の構造分析に適用し、夫であり父である男性が手段的リーダーの役割を、妻であり母である女性が表出的リーダーの役割を演ずるという性別分業モデルを提示した。

【特別区 H28】

13. ×
パーソンズの誤り。

14. ブラッドとウルフは、夫と妻の相対的権威と夫と妻が家庭内において共有する権威の程度を組み合わせて、夫婦の権威構造を夫優位型、妻優位型のいずれかの２つに分類した。

【特別区 H25】

14. ×
夫優位型、妻優位型、一致型、自律型の４つに分類した。

15. ブラッドとウルフは、現代社会における夫婦の勢力関係が、規範によって規定される制度化された勢力である権威によって規定されるとし、夫婦それぞれがもつ資源の質と量によって規定されるのではないとした。

【特別区 H28】

15. ×
資源の量と質によって規定されるという資源説の立場に立った。

難易度 ★ ★ ★

頻出度 ★ ★ ★

逸脱行動

逸脱行動はどの試験種でも出題される重要なテーマです。主に非行を扱うので頭には残りやすいと言えるでしょう。1点ゲット！

1 逸脱行動とは

　逸脱行動とは、社会や集団の規範に背く行動をいいます。人間は古から自分たちで自分たちの規範を作って、それに反する行為を統制してきました。理由は簡単で、社会秩序を守るためです。それゆえ、逸脱行動は、社会や集団の規範との関連で問題になります。逸脱は、社会におけるひずみや人間関係のこじれから生じることが多いと言いますが、その形態は様々です。当初は、<u>犯罪者としての素質は生得的であり、隔世遺伝によるものだ</u>、などという説もありましたが、今日ではあまり通用しない議論なので無視していいでしょう。次に試験で出題される学説を紹介するので、しっかりと覚

> 犯罪人類学の創始者と言われているイタリアのC.ロンブローソが提唱した「生来性犯罪者説」だね。

えてください。ただ、読めばわかると思いますが、すべて納得できる議論なので、難しいと感じる人は少ないのではないでしょうか。

① R.K.マートンの「4つの逸脱行動」

　R.K.マートンは、『社会理論と社会構造』という著書を表し、その中の論文で、社会の成員が追求する<u>「文化的目標」</u>と、この目標達成のために必要な<u>「制度的手段」</u>との間に矛盾・乖離がある場合に、一種の無規制状態である「アノミー」が生じるとしました。これを「緊張理論」といいます。アノミーという概念は

> 目標があってもそれを達成できる手段が整っていないと葛藤が生じるでしょ？

もともと E. デュルケームが言い出したもので、「無規制状態」を意味する用語です。例えば、社会や集団の規範が弱まると、人間は逆に何をしていいのかわからなくなるので、ある種の抜け殻状態となります。また、社会規範同士が対立していると、どっちに従えばいいのかが分からず、ジレンマを感じます。このような現象を総じてアノミーと呼びます。例えば、ブラック企業に縛られて過酷な労働条件の下で働いていたサラリーマンが、いざ退職して自由を手に入れると、逆に何をしていいのかわからなくなり堕落した生活を送るようになる、といった話を耳にしますが、あれもアノミーでしょうね。ビジョンがなく、ただ辞めることだけを目的にしてしまうと、その辞めるという目的を達成した後は、ただただ虚無感だけが残る結果となります。皆さんも注意しましょう（大きなお世話）。それはそうと、マートンはこのアノミーという概念をさらに発展させて、アノミー状態になった時の人間の適応様式を次の5つに分類しました。表で覚えてしまえばそれでOKですが、「同調」以外が逸脱行動だと考えておけばいいと思います。そういった意味では、適応様式は5つありますが、そのうち逸脱行動は4つである、ということになりますね。

　表中の「＋」「－」はそれぞれ「承認」「拒否」として考えてください。受け入れるか、そうでないか、という感じで考えれば分かりやすいと思います。

ほかにも、S. デ・グレージアのように、社会への忠誠を「信念体系」と呼んで、これに対して起こるトラブルに応じて、アノミーの種類を分けた人物もいる。信念体系の葛藤によって適応できなくなる状態を「単純アノミー」、革命や敗戦で信念体系そのものが崩壊する状態を「急性アノミー」と呼んで区別したよ。

マートンの逸脱行動

適応様式	文化的目標	制度的手段	説明
同調	＋	＋	文化的目標と制度的手段をともに承認する。金銭的な成功などの目標を合法的に目指す。 金持ちになるために仕事を頑張る
革新	＋	－	文化的目標は承認するがそれを達成するための制度的手段を拒否する。 金持ちになるために強盗や詐欺をする

適応様式	文化的目標	制度的手段	説明
儀礼主義	−	+	文化的目標は拒否するが制度的手段は承認し、慣例や規範に従順になる。 金持ちになることをあきらめ、ただただ今まで通りの生活を送る
逃避主義	−	−	文化的目標は拒否し、制度的手段も拒否する。 金持ちになることをあきらめ、仕事をやめ酒におぼれる
反抗	±	±	文化的目標、制度的手段をともに拒否して、新しい価値を承認する。 金持ちになることは放棄し、万人平等の社会をつくるために革命を起こす

　この表の注意点は、「革新」と「反抗」を逆に覚えないことです。これは私もやってしまうミスなので、皆さんも気を付けてください。なお、社会が分化すると、社会規範が分化することはもちろん、社会を統制する仕組みも分化してくることを意味するので、社会全体を統合することが難しくなります。そうすると社会内部での対立（コンフリクト）が生じやすくなります。また、マートンは、アメリカはアノミー的な状態にあるとしています。つまり、アメリカ社会では金銭的な成功が文化的目標として掲げられる傾向にあるのですが、そのための制度的手段がみんなに平等に与えられていないので、逸脱行動が生じやすいというわけです。

2　H.S.ベッカーの「ラベリング理論」

　H.S.ベッカーは、『アウトサイダーズ』という著書の中で、逸脱は個人の資質に基づくものだという考えに疑問を投げかけました。逸脱行動がなぜ生まれるのかというと、それは社会がこれを犯したら逸脱となる、というような特定の規則を設けて、それを特定の人々に適用し、「アウトサイダー」というラベルを貼るからだとしたわけです。これを「ラベリング理論」といいます。「逸脱はラベリングによって作られる」とした点が重要ですね。ベッカーは、特に社会的弱者に対してこのようなラベリングがなされやすいと指摘しています。正直、全ての逸脱行動をこれで説明することはできないでしょうが、合点のいく部分はありますよね。

⓷ E.H.サザーランドの「分化的接触理論」

　E.H.サザーランドが提唱した「分化的接触理論」とは、犯罪行動を人々の相互作用を通じて学習した成果物であると考える理論です。簡単に言うと、犯罪は他者から学ぶものだと考える理論です。犯罪行動は、遵法的文化から切り

分化的接触によって学習した成果物が逸脱だ！

E.H.サザーランド

離され、犯罪的文化に接触することにより学習されるというわけです。また、単に犯罪の技術だけではなく、特殊な動機、衝動、合理化の仕方、態度なども学習されると言います。犯罪は人格の歪みから生じるものだとか、一種の障害だなどといったそれまでの見解を否定するものとして光を浴びました。つまり、犯罪者観の修正を試みたわけです。学習によって犯罪行動が起こると考えるわけですから、これにより知的労働者ともいうべきホワイトカラーによる犯罪（ホワイトカラー犯罪）の説明も可能になります。犯罪は社会の下流階層の者だけが起こすものであるという考え方は、これで通用しなくなったわけですね。人は、法律違反を利益とする考えが、法律違反を不利益とする考えを超越したときに犯罪者となる、という命題を強調しました。

⓸ A.コーエンの「非行下位文化理論」

　A.コーエンは、サザーランドに影響を受けて、青少年の非行集団に共通して見られる文化を分析し、それがアメリカ社会において支配的な中流階層の行動基準に対抗して形成された下流階層の反動文化であるとしました。そして、青少年の非行集団に共通して見られる反動文化のことを「非行下位文化」と呼びました。非行はこうした非行下位文化に接触し、それに同調することで生まれるというわけです。また、非行下位文化を共有する集団の中で、人間的な接触が強くなればなるほど、さらに新しい非行が生まれるということになります。

非行サブカルチャーと呼んでもいいよ。

⓹ E.M.レマートの「第一次的逸脱と第二次的逸脱」

　E.M.レマートは、『社会病理学』の中で、様々な諸要因が結合して起こる法違反の敢行に対して無自覚的な逸脱を「第一次的逸脱」（自覚されない逸脱）としまし

Teramoto's Trivia

サザーランドはホワイトカラー層が職務を行う過程で逸脱行動に走るのはなぜか？ と疑問を投げかけたんだ。

た。様々な客観的要因によって逸脱が起こるパターンです。一方、自己を逸脱者として自覚したうえで生じる逸脱を「第二次的逸脱」（自覚された逸脱）として区別しました。イメージとしては、行為者が法違反を行うことを悪いことだと自覚して犯罪を起こしてしまう、みたいな自覚的な逸脱です。こちらは主観的要因が逸脱につながっていると考えて構いません。無意識か自覚しているかで分けたので、覚えやすいのではないでしょうか。

6 T. ハーシの「社会的絆理論」

T. ハーシは、いわゆる統制理論の代表論者です。青少年を対象とした調査より、家族や学校、友人といった社会的つながり（社会的絆）が非行を抑制する効果を持つことを説きました（社会的絆理論）。「非行を統制するから統制理論」「橋（ハーシ）を絆で繋いだ人」と覚えましょう。ちなみに、彼は、人の社会的つながりを愛着、コミットメント（投資）、巻き込み（関与）、規範観念（信念）の４つの要素に分解しました。その中で愛着が最も基本となる社会的つながりであるとしています。そして、これらの４つの社会的つながりの質・量を増大させることで、逸脱を抑止することができるようになるとしました。

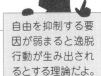

自由を抑制する要因が弱まると逸脱行動が生み出されるとする理論だよ。

7 E. ゴフマンの「スティグマ」

E. ゴフマンは、『スティグマの社会学』という本を書きました。スティグマとは、ある社会における好ましくない特徴のことです。これを持っていると判断されてしまうと、危険性あり！ 劣等性あり！ という話になってしまい、様々な差別を受けるようになります。スティグマが社会的な差別や偏見の源となっているわけですね。この理論は、ベッカーのラベリング理論と同じ系譜に属すると言えますね。

8 C.R. ショウとH.D. マッケイの「文化伝播論」

C.R. ショウとH.D. マッケイは、バージェスの同心円地帯理論（５章で後述）を応用し、コミュニティが崩壊して犯罪が多発している地域を「社会的に解体された地区」と呼びました。そのうえで、都市の生態学的構造と非行率との間に深い関係があることを指摘しました。具体的には、同心円の５つの地帯うち、中心業務地区

Teramoto's Trivia　　ハーシの社会的絆理論は「ボンド理論」とも呼ばれているよ。「bond」ね。縛るものという意味だよ。

（核）と遷移地帯で非行率が高く（遷移地帯が一番高い）、都心部から離れるにつれ非行率が下がるという現象を捉えました。このころまでは、犯罪や非行は個人の資質とイコールで考えられてきたのですが、彼らの研究はその人が生活する環境、すなわち生態学的構造が犯罪や非行の発生に大きな影響を及ぼすことを提示しました。そして、犯罪や非行が多発する地域においては、反社会的価値観や犯罪行動が、人から人へと次々に伝播されると言います。これを「文化伝播論」と呼びます。

⑨ S.セリンの「文化葛藤理論」

　人は、日ごろから様々な集団に身を置き、行為規範や文化などを身に付けていきます。ところが、同じ行為を容認する規範・文化と規制する別の規範・文化とがぶつかり合うと、人は「葛藤」を覚えるようになります。S.セリンは、このように2つ以上の規範・文化が相反するときに、そこに一種の葛藤が生じ、これが犯罪の原因になっていくと説きました。

> ちなみに、移民は葛藤を抱きやすいとしているね。

⑩ P.ウィリスの「階級文化の再生産」

　P.ウィリスは『ハマータウンの野郎ども』を著し、イギリスのハマータウンで非行少年グループを対象とした参与観察を行いました。そこで労働者階級である彼らが反学校的な文化を持ち、自ら進んで労働者階級の仕事に就くという姿を目にしました。このような経験から、階級文化の再生産過程を描きました。

⑪ C.S.フィッシャーの「都市下位文化理論」

　C.S.フィッシャーについては、またあとで詳しく勉強することになりますが、ここのテーマでも出題されることがあるので簡単に説明しておきます。彼は都市を人口の集中という点から定義し、都市度が高まれば高まるほど、他者との接触頻度が高まるため、同じ趣味や嗜好の者同士によるネットワークが形成されやすくなるとしました。その結果、多様で非通念的な下位文化が生まれると主張しました。

2　E.デュルケームの自殺論

E.デュルケームは、著書『自殺論』の中で、自殺はその人の精神的な異常や遺伝的な性格の現れなどといった**個人的な要因に基づくもの**ではなく、**社会的な要因によって作り出されるもの**だと主張しました。自殺は社会が作り出した

E. デュルケーム

自殺は社会的な要因で作り出される。

ものだ、という主張です。デュルケームは本書の中で、自殺の類型を、①自己本位的自殺、②集団本位的自殺、③アノミー的自殺、④宿命的自殺の**4つに分類**しました。ただ、④の宿命的自殺は注釈に載っているだけなので、詳しいことはわかりません。ですから、デュルケームの自殺類型を3つと指摘する人もいます。今回は、試験対策用の教材であることを念頭において、自殺類型を4つで説明していきます。

1　自己本位的自殺（利己的自殺）

　自己本位的自殺とは、社会の統合力や凝集性が弱まり、個人が孤立することで起こる自殺です。個人主義が極端に進んで起きる自殺と言っていいと思います。さみしくなって自殺をする、という意味で私はこれを「うさぎ型」と呼んでいます。

一般的にプロテスタントはカトリックに比べて教会の力が弱く、個人主義的な要素が強いので自殺率が高くなると言われるよ。

2　集団本位的自殺（利他的自殺）

　集団本位的自殺とは、自己本位的自殺の真逆と言っていいような類型ですね。**集団主義が極端に進んで起こる自殺**です。すなわち、社会の統合力や凝集性が強くなりすぎて、社会規範への服従や強い忠誠心などの結果として起こる自殺です。自己の命を集団の利益のために捧げるようなイメージで、**軍人の自殺**や**殉死**などがこれにあたります。そういう意味では一般人よりも軍人の方がこの類型の自殺は多くなります。「お国のために自分の身を捧げます！」というような感じでしょうか。武士の切腹（集団割腹）なんかもこれにあたるでしょうね。

3 アノミー的自殺

　アノミーというのは、不規則性を意味するギリシャ語です。デュルケームは、社会学にこの言葉を導入し、伝統や規範が崩壊した無規制状態をアノミーと呼びました。ですから、このアノミー的自殺というのは、社会規範（ルール）が崩壊し、無規制状態なった時に、それにうまく適応できない人が起こす自殺ということができます。社会規範が崩壊するということは、それはすなわち「自由」な社会が到来することを意味します。そうであるのになぜ自殺？ と思うかもしれませんが、人は自由になればなるほど、何をしていいか分からなくなり、精神的に不安定になるものです。そこで自殺に走ってしまう人が出てくるわけです。また、自由な社会であるということは、欲望が際限なく膨れ上がる可能性があります。そうすると、理想と現実のギャップを目の当たりにし、絶望を感じやすくなります。これが自殺につながるわけですね。アノミー的自殺は主にこれらの原因から発生し、急激な社会変動が生じたときに起こりやすいと言われます。そして不況期よりも好況期のほうが欲望が肥大化しやすいので、アノミー的自殺が増えると言われています。

4 宿命的自殺

　社会規範の力が強すぎると、欲望が過度に抑圧されるため、人は強い閉塞感を覚えるようになります。このような社会規範の力に耐えられなくなった時、人は自殺するという道を選ぶわけです。これが宿命的自殺です。デュルケーム自身は、この自殺類型に関して具体的な事例を挙げていませんが、心中や悲観死などがこれに該当すると思われます。身分制が支配的であった封建的社会では、これが多く発生していたのではないでしょうかね。

3 日本の自殺統計

　最後に日本の自殺の統計を示しておきます。これは時事でも出題されるので、現段階（2020年2月時点）の最新データ（2018年の確定値）を載せておきます。ただ、データは毎年更新されるので、各自で新しい知識を補充するようにしてください。では参

最新データは、厚生労働省ＨＰ「自殺の統計」で確認しよう。

Teramoto's Trivia

ムンクの作品に「絶望」というものがあるのは知っているかい？ それを見るたびに僕は「この人はアノミーなのかな？ 自殺しないといいなぁ」と思うんだ。一度調べてみて。みんなはどう感じるかな？

ります。

　2018年の自殺者数は20,840人で、2010年以降、９年連続の減少となっています。男女別にみると、男性の自殺者数は、女性の約2.2倍となっています（男性68.6％、女性31.4％）ので、男性の方が自殺しやすいと言えます。

　自殺率については、2018年は2017年と比較して、10歳代、70歳代及び80歳以上では前年より増加し、それ以外の年齢階級では減少しました。30歳代は2008年から10年連続、40歳代、50歳代及び60歳代は９年連続で減少しています。

　自殺原因の１位は昔から変わりません。圧倒的に健康問題が多くなっています。そのあとに経済・生活問題、家庭問題、勤務問題と続いています（2018年）。ただ、いずれにしても自殺の多くは多様かつ複合的な原因及び背景を有していて、様々な要因が連鎖する中で起きています。

　職業別に見ると、圧倒的に多いのは無職者による自殺、次に多いのが被雇用者・勤め人の自殺です。自営業者・家族従業者の自殺は３番目なので、意外に少ないと言えます。ひっかけに注意しましょう。この構図も昔から変わりませんね。

PLAY&TRY

1.　マートンは、文化的目標と制度的手段とに対する個人の態度の組合せから、個人の社会への適応様式を５つに類型化したが、このうち反抗とは、文化的目標を承認し、制度的手段を拒否する類型である。

【特別区 H25改題】

1.　×
革新の誤り。

2.　マートンは、文化的目標と制度的手段とに対応する個人の態度の組合せから、個人の社会への適応様式を５つに類型化したが、このうち逃避主義とは、文化的目標を拒否し、制度的手段を承認する類型である。

【特別区 H25改題】

2.　×
儀礼主義の誤り。

Teramoto's Trivia

デュルケームは「デュルケム」と表記されることもある。デュルケムの方が、何となくおしゃれな感じがするけどね。

3. R.K. マートンは、逸脱者は社会が「逸脱者」というラベルを貼ることによって逸脱者となる、というラベリング理論を提唱し、それに対する個人の適応様式を犯罪、葛藤、自殺、無気力、反抗の五つに分類した。

【国家一般職R1改題】

4. H.S. ベッカーは、統制理論の提唱者である。彼の非行に関する統制理論では、少年が非行化するのは、警察、地域社会における大人等による、地域社会の治安を維持する力である社会的絆が弱まることが原因であるとされた。

【国家一般職H28】

5. ベッカーは、社会集団は、これを犯せば逸脱となるような規則を設け、それを特定の人々に適用し、彼らにアウトサイダーのレッテルを貼ることによって逸脱を生み出すとした。

【特別区H25】

6. ベッカーは、分化的接触理論を提唱し、犯罪行動は犯罪的文化に接触することから学習され、単に犯罪の技術だけでなく、特殊な動機、衝動、合理化の仕方、態度なども学習されることによって、犯罪行動が生ずるとした。

【特別区H29】

7. サザーランドは、ラベリング理論を提唱し、社会集団はこれを犯せば逸脱となるような規則を設け、それを特定の人々に適用し、彼らにアウトサイダーのラベルを貼ることによって逸脱を生み出すとした。

【特別区H29】

3. ×
ラベリング理論はベッカーが提唱した。また、マートンの適応様式の分類は、同調・革新・儀礼主義・逃避主義・反抗の5つである。

4. ×
統制理論を提唱したのはハーシである。

5. ○
そのとおり。
ラベリング理論の記述として正しい。

6. ×
サザーランドの誤り。

7. ×
ベッカーの誤り。

8. サザーランドは、犯罪的文化との接触が犯罪行動の基本的原因であるとする分化的接触理論を提唱し、下層階級の人々が行う犯罪で、名望ある社会的地位の高い人物が被害者となるものを「ホワイトカラー犯罪」と命名した。

【特別区 H25】

9. E.H. サザーランドは、分化的接触理論の提唱者である。彼は、犯罪行動が、パーソナルな集団における他の人々との相互作用を通じて学習された行動であり、遵法的文化から隔絶され、犯罪的文化に接触することから犯罪行動は学習されるとした。

【国家一般職 H28】

10. コーエンは、非行下位文化理論を提唱し、青少年の非行集団に共通して見られる文化を分析し、それがアメリカ社会において支配的な中流階層の行動基準に対抗して形成された下流階層の集団的問題解決の様式であるとした。

【特別区 H29】

11. ハーシは、青少年の非行集団に共通してみられる下位文化を分析し、それがアメリカ社会において支配的な中流階層の行動基準に対抗して形成された下流階層の集団的問題解決の様式であるとした。

【特別区 H25】

12. レマートは、法違反の敢行が行為者に自覚された逸脱を「第一次的逸脱」、同調を難しくさせる諸要因による自覚されない逸脱を「第二次的逸脱」と名付けて、両者を区別した。

【特別区 H25】

8. ×
名望のある社会的地位の高い人物が行う犯罪を「ホワイトカラー犯罪」と命名した。

9. ○
そのとおり。
接触や学習というキーワードに反応できるようにしておこう。

10. ○
そのとおり。
非行下位文化は反動文化として形成される。

11. ×
コーエンの誤り。

12. ×
自覚されない逸脱が「第一次的逸脱」で、自覚された逸脱が「第二次的逸脱」である。

13. E.M.レマートは、『スティグマの社会学』を著した。彼は、スティグマとは、ある社会における好ましい特徴のことであり、スティグマをもっていないと周囲に判断された者は、その者の危険性や劣等性が説明され、様々な差別を受けることを明らかにした。

【国家一般職 H28】

14. ハーシは、緊張理論を展開し、制度化された文化的目標とその達成に利用できる制度的手段とが乖離する緊張のもとで、犯罪などの逸脱行動が生まれるとした。

【特別区 H29】

15. T.ハーシは、『アウトサイダーズ』を著した。彼は、個人が、これを犯せば逸脱となるような独自の規則を設け、その規則を自ら破ることで、自らにアウトサイダーのラベルを貼ることによって、逸脱をする者としてのアイデンティティを獲得することを明らかにした。

【国家一般職 H28】

16. コーエンは、社会的絆を、愛着、コミットメント、巻き込み、規範概念の４つの要素に分解し、青少年を対象とした自己申告データを使って、そのそれぞれが非行に対する抑制効果をもつという仮説を検証した。

【特別区 H25】

17. E.ゴフマンは、『社会病理学』を著した。彼は、逸脱行動には、行為者が自分に対するイメージを変えようとすることから生ずる第一次逸脱と、状況的逸脱要因などの逸脱への圧力から生ずる第二次逸脱があるとした。

【国家一般職 H28】

13. ×
ゴフマンの誤り。また、スティグマはある社会における好ましくない特徴のこと。そしてこれを持っていると差別を受ける。

14. ×
マートンの誤り。

15. ×
ベッカーの誤り。また、ラベリング理論は、他者にアウトサイダーのラベルを貼ることで、犯罪を生み出すという理論である。

16. ×
ハーシの誤り。

17. ×
レマートの誤り。

18. コーエンは、スティグマとは、ある社会における好ましくない違いであり、この違いに基づいてスティグマを負った者に対する敵意が正当化され、又は当人の危険性や劣等性が説明され、その結果、様々な差別が行われるとした。

【特別区H23】

19. ゴフマンは、各社会の示す固有の自殺率を、社会経済的、道徳的環境の状態によって説明し、その社会的原因との関連で自己本位的自殺などの自殺のタイプを設定した。

【特別区H29】

20. É.デュルケムは、自殺を、自己本位的自殺、集団本位的自殺、アノミー的自殺に分類し、後二者を近代社会の典型的自殺であるとした。このうち、アノミー的自殺を、人々の肥大化した欲求が社会によって統制されることにより生じるものであると指摘した。

【国家一般職H30改題】

21. É.デュルケムは、自殺を社会環境との関連で分析し、社会規範への服従などの結果として生じる自殺の類型を「アノミー的自殺」と呼び、その具体的な例として、伝統社会に見られる殉死、名誉を守り恥辱を逃れるための軍人の自殺などを挙げた。

【国税専門官H29改題】

18. ×
ゴフマンの誤り。

19. ×
デュルケムの誤り。

20. ×
アノミー的自殺は、社会の統制が弱まり、人々の欲求が肥大化することで起こる自殺である。

21. ×
集団本位的自殺の誤り。

4 社会変動論

社会変動論は、特に特別区を受験する人は注意すべきテーマです。コントとスペンサーを草分け的存在として、しっかりと覚えておきましょう。

1 社会変動論とは

　社会構造が動くことを社会変動といいます。例えば、制度が変わったり、体制が変わったりするような動きですね。社会学の研究方法を「静」か「動」かで表すことがありますが、「静」に当たるのが社会構造論、一方で「動」に当たるのが社会変動論です。後述するコントは社会静学、社会動学などといって区別していますね。ただ、いずれにしても社会変動論はコントやスペンサー、ロストウ、オグバーンなど出題される人が大体決まっています。ですから、対策はそこまで大変ではありません。

2 A.コントの「3段階の法則」

　フランスの**A.コント**は、サン＝シモンと共に社会学を誕生させた人物です。「社会学の父」などと呼ばれていますね。彼はフランス革命の混乱期に、社会の構成原理という秩序の側面（保守的な側面）を研究するものとして社会静学を、社会の発展原理という進歩の側面（革新的な側面）を研究するものとして社会動学を区別しています。そして、社会動学に該当するのが社会変動であり、この社会変動として3段階の法則を示しました。彼は社会の発展を人間精神の発展ととらえ、具体的に言うと、人間精神の発展段階は「神学的→形而上学的→実証

普遍的な原理や超経験的な原理を追い求める哲学だよ。人はどこから生まれ、どこへ行くのか、というような究極の問いに答えようとするんだ。

Teramoto's Trivia

コントはサン＝シモンの秘書をやっていたよ。「3段のオチがついているA.コント（ええコント）」と覚えよう。

的」と進んでいくとします。そして、これに
対応する形で社会も「軍事的→法律的→産業
的」の順に発展していくと考えました。ポイ
ントは、人間精神の発展と社会の発展を対に
して覚えるという点です。すなわち、神を信

A. コント

3段階の法則といっ
ても、実際は6つ覚
えないとダメだよ。

じる神学的段階は軍事的段階の社会、哲学を追い求める形而上学的段階は法律的段
階の社会、経験的事実のみを信じるようになった実証的段階は産業的段階の社会が
到来するという感じで覚えましょう。ちなみに、彼は、産業的段階の社会はつまる
ところ人間精神が発展したことで実現したものであるため、これに対して高い評価
を下しています。

コントの「3段階の法則」

人間精神の発展	神学的→形而上学的→実証的
社会の発展	軍事的→法律的→産業的

3 H. スペンサーの「軍事型社会と産業型社会」

イギリスの功利主義的社会学者 **H. スペンサー**
は、コントと同様、社会学の誕生期に活躍しま
した。彼は、社会有機体説の立場に立ち、社会
は生物と同じように単純な構造から複雑な構造
へと進化を遂げるとしました。これが「社会進

H. スペンサー

軍事型から産業
型へと社会は進
化する。これが社
会進化論だ!

化論」です。基礎にある発想は、生物学におけるダーウィンの進化論です。そして
社会は、強制的協働に基づく同質的な軍事型社会から自発的協働に基づく異質的な
産業型社会へと進化すると述べました。単純社会から複合社会へという進化の過程
を捉えた議論と言えます。軍事型社会では、軍事が生活の中心になっているので、
みんなが強制的に社会全体に奉仕することが求められます。一方、産業型社会では
自立した個人が自由かつ自発的に産業に従事するので、より自発的な社会が出来上
がると言います。ちなみに、彼は産業型社会に対して高い評価を下していますね。

Teramoto's Trivia　スペンサーは、明六社の森有礼に影響を与えた人物だよ。

スペンサーの「軍事型社会と産業型社会」

軍事型社会（強制的・同質的）→ 産業型社会（自発的・異質的）

4 経済成長で見る社会変動論

1 K.マルクスの発展段階説

K.マルクスは、経済的な変化が社会変動を生むと考えました。これを「史的唯物論」といいます。マルクスによれば、社会は大きく分けて2つの構造からなっていると言います。生産力と生産関係という社会の土台である「下部構造」と、政治や法、社会制度、文化、イデオロギーなどで構成される「上部構造」の2つです。そして、資本家からの搾取に耐えられなくなった労働者による革命で社会変動が起こると言います。具体的には、生産力と生産関係との矛盾を動

「唯物史観」ともいうよ。

K.マルクス

近代資本主義社会のあとにくるのが、社会主義社会だ。みんな平等！ いいだろ？

因として、革命が起き、最終的には社会主義に到達するとしました。因果関係は詳しく言うと、原始共産制社会（階級競争のない狩猟社会）を出発点として、古代奴隷制社会、中世封建制社会、近代資本主義社会を経て社会主義（共産主義）社会へ発展していくという流れです。彼は下部構造が上部構造を基礎付けるとしていたことも思い出しておきましょう（政治学で勉強しましたね）。

マルクスの発展段階説

原始共産制社会 → 古代奴隷制社会 → 中世封建制社会 → 近代資本主義社会 → 社会主義（共産主義）社会

2 W.ロストウの経済成長5段階説

W.ロストウは、著書『経済成長の諸段階』で、経済成長の観点から、伝統的社会から高度大衆消費社会へ至る過程をまとめた「経済成長5段階説」を提唱しまし

ロストウの議論は「ストローを大量に消費する社会」と覚えるといいよ。

た。マルクスの説と間違えやすいので注意しましょう。ポイントは、各国の経済的な「体制」の違いを切り捨てて考えているという点です。つまり、資本主義の社会であろうが、社会主義の社会であろうが、いかなる社会であっても「離陸期」（テイク・オフ）を経ると、いずれ高度大衆消費社会になるだろう、と主張しています。

むしろ、ロストウはマルクスの発展段階説を批判したよ。この人はマルクスへの対抗意識が超強かったみたいだよ。

最後にくるのが高度大衆消費社会であるとした点が私の特徴さ。

W. ロストウ

ロストウの経済成長5段階説

伝統的社会 → 先行条件期（離陸のための準備期） → 離陸期（テイクオフ） → 成熟への前進期 → 高度大衆消費社会

> 離陸期以降は、資本主義や社会主義といった社会体制を問わずに、高度大衆消費社会がやってくるとした点がポイント。

5 その他の社会変動論

■ E. デュルケームの社会分業論

E. デュルケームは、『社会分業論』という本の中で、社会は、類似に基づく同質的・没個性的な結合としての機械的連帯から、分業に基づく異質的・個性的な結合としての有機的連帯へと形を変えるとしました。そして、機械的連帯を特徴とする社会を環節的社会と呼びました。未分化な前近代的共同体などがこれにあたります。一方、有機的連帯を特徴とする社会を有機的社会（あるいは職業的社会）と呼びました。近代産業的社会がこれにあたります。

分業は、経済活動の効率化だけではなく、人々を道徳的に結びつけて社会を発展させる役目を果たすんだ。でも、分業の異常形態として、無規制的（アノミー的）分業、拘束的分業というものも指摘しているよ。

ミミズのような環形動物は、輪切りにすると断面がどこも同じ形になるよね。デュルケームは、これをもって「環節的社会」と表現したんだ。同質的で没個性的ということを言いたかったんだろうね。

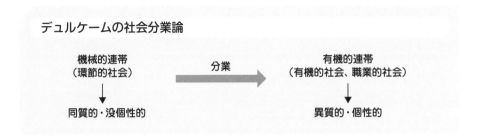

デュルケームの社会分業論

機械的連帯　　　　　　　　　分業　　　　　　　有機的連帯
（環節的社会）　　　━━━━━▶　　（有機的社会、職業的社会）
　↓　　　　　　　　　　　　　　　　　　　↓
同質的・没個性的　　　　　　　　　　　　異質的・個性的

② W.F.オグバーンの「文化遅滞論」

　W.F.オグバーンは、『社会変化論』を著し、社会変動を文化変動としてとらえました。簡単に言うと、文化が変わればそれにつられて社会も変わるというロジックです。文化は物質文化と非物質文化に分けられます。物質文化とは、技術や道具、機械、通信・交通手段などを指すと思ってください。一方、非物質文化は法律や制度、価値体系、信仰などの精神的な文化を指します。そして、近代産業社会においては、物質文化はものすごい速さで変化してしまうため、非物質文化がそれに追いつかないというタイムラグが生じます。この時間的な遅れが「文化遅滞」（カルチュラル・ラグ）であり、これにより社会変動の不均衡が生じると主張しました。この文化遅滞が起きると、様々な混乱がもたらされることになります。例えば、情報化はすさまじい速度で進みますが、それに対して情報リテラシーや法制度が追いつかない、などといったケースを考えれば分かりやすいのではないでしょうか？ 試験的には「形ばかり進んでしまい、気持ちがついていかない」というイメージで考えるといいでしょう。これはおっさんの逆ですね。おっさんは、気持ちはついていくのですが、体がついていかないわけですから（笑）。

オグバーンの「文化遅滞論」

物質文化　　　　　　　　　　待って〜　　　　　　　　非物質文化

❸ V.パレートの「エリートの周流」

　イタリアの社会学者・経済学者のV.パレートは、経済学のパレート最適で有名ですね。ですが、ここでは、エリートの交替が繰り返されることで社会的な均衡がもたらされるという「エリートの周流」という理論を覚えてください。社会は常に少数のエリートが多数の非エリートを支配する構図になっているわけですが、この少数支配は固定されたエリートに牛耳られているわけではなく、時と場合に応じて交代の必要性に迫られます。そこで、キツネ型のエリートとライオン型のエリートが交互に交替を繰り返すことによって社会が変動していきます。これを「エリートの周流」といいます。これは、社会変動を①→②→③というような段階論的なものではなく、循環論的なものとして捉えるものですよね。ですから、この循環がうまくいっている間は、すなわちエリートが不可避的に交替を繰り返している間は、社会的均衡が保たれるということになります。

❹ F.テンニースの「ゲマインシャフトからゲゼルシャフト」

　F.テンニースについては一応のリマインドです。社会集団論のところで勉強しましたね。一応、このテンニースのゲマインシャフトからゲゼルシャフトへという流れも社会変動と捉えることができるため、こちらのテーマでの出題もちらほら見られます。ゲマインシャフトとは、感情的・情緒的な「本質意志」に基づく結合体でしたね。家族や村落などの共同社会が具体例です。一方、ゲゼルシャフトとは、自己と他者の利益を目的のための手段とする人為的・利害的な「選択意志」に基づく結合体を言います。企業や都市、国家などの利益社会が具体例です。そして、テンニースは、時代が進むにつれ、ゲマインシャフトからゲゼルシャフト優位の社会へ移行していくという因果を示しました。

❺ 高田保馬の「第三史観」

　高田保馬は、観念や精神により社会変動が起きるという観念史観（コント）や、経済的発展が社会変動を引き起こすとする唯物史観（マルクス）を批判した日本の社会学者です。彼は、『社会学概論』を著し、基礎社会拡大縮小の法則、基礎社会衰耗の法則、利益社会化の法則などを提唱し、人口の量や質の組合せの変化が社会変動の要因となるとする「第三史観」を主張しました。これは人口論的なスタンスで

社会変動を捉えるものと言えます。

6 D. ベルの「脱工業社会論」

D. ベルは、1950年代から1960年代前半にかけて
経済が物的生産（財の生産）を主な目的とする経済
から様々なサービスの生産を主な目的とするサービ
ス経済に変わってきたことを指摘しました。そのう

このような経済社会を工業
社会(インダストリアル・ソサ
エティ)というよ。

えで、このような経済社会では、理論や知識が優位性を占める「脱工業社会」が到
来するだろうと予想しました（脱工業社会論）。この脱工業社会の特徴として、次の
ようなものが挙げられます。

脱工業社会の特徴

✓ みんなの価値観がバラバラになるので一律的なイデオロギー対立が意味を
なさなくなる。

✓ 理論的知識が重要になってくる(理論的知識中心の世の中になる)。

✓ 機械的労働者などの単純労働者の地位が低下し、知的作業を営む専門職や技
術職階層(テクノクラート)の優位性が高まる。

ベルは、『イデオロギーの終焉』の中で、先進諸国ではイデオロギー対立が消滅し
たと指摘しています。この点は政治学でも一度勉強しましたね。

7 H. マルクーゼの「一次元的人間」

H. マルクーゼは、著書『一次元的人間』において、アメリカなどの高度産業社
会では、人々が管理システムに埋没していて、現実を否定する能力を失っていると
しました。このように、高度産業社会の管理社会的状況（一
次元的社会）に組み込まれ、不合理なものに対する批判的精
神を失っている人間を「一次元的人間」と呼んで批判しまし
た。彼の考え方は、1960年代後半以降の学生運動や新左翼運
動などに影響を与えたと言われています。

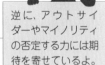

逆に、アウトサイ
ダーやマイノリティ
の否定する力には期
待を寄せているよ。

8 A.トフラーの「第三の波」

　アメリカの未来学者A.トフラーは、著書『第三の波』の中で、人類が経験する波について説明しています。具体的には、2つはもうすでに経験してきたものであり、第一の波を農業革命、続く第二の波を産業革命と呼んでいます。そして、これから第三の波として情報革命がやってくると主張しました。情報革命がやってくると、コンピューターネットワーク化が進む、在宅勤務が可能となる、生産と消費が同一人物というプロシューマー（いわゆる生産消費者）が出現する、などの変化が生じるとしています。また、集権化から脱し、分権化が生じる、ともしていますね。

PLAY&TRY

1.　コントは、人間の精神は、神学的段階、形而上学的段階、実証的段階という3つの段階を経て進歩するという3段階の法則を提示し、社会もそれに対応して軍事的社会、法律的社会、産業的社会という進歩の過程をたどるとした。
【特別区 H30】

1.　○
そのとおり。
コントの3段階の法則は頻出である。

2.　コントは、社会進化論的な立場から、社会は強制的協働に基づく軍事型社会から自発的協働に基づく産業型社会へと進化するとした。
【特別区 H25】

2.　×
スペンサーに関する説明である。

プロシューマーは生産者になることのできる消費者のことで、プロデューサーとコンシューマーをミックスして作った用語だよ。

3. A. コントは、人間の精神は、順に、形而上学的、神学的、実証的という段階を経て発展するとし、その発展段階に対応して、社会は、順に、軍事的、産業的、法律的という段階を経て進歩するとした。

【国家一般職R 1】

3. ×
人間の精神は、神学的→形而上学的→実証的という順。また、社会も軍事的→法律的→産業的の順。

4. H. スペンサーは、社会を生物有機体と同質なものとして捉え、複合的な社会から、統合が進む単純化された社会へと変化していくとし、その社会モデルを「機械的連帯から有機的連帯へ」という図式で定式化した。

【国家一般職R 1】

4. ×
単純社会→複合社会へ変化を遂げる。また、社会モデルを「機械的連帯から有機的連帯へ」という図式で定式化したのは、デュルケームである。

5. スペンサーは、社会は大きく分けて2つの構造から成り、下部構造としての生産力と生産関係との矛盾を動因として、上部構造としての法律・政治などの制度が、最終的には社会主義に到達するとした。

【特別区H30】

5. ×
マルクスに関する説明である。上部構造と下部構造の矛盾で社会変動を捉える。

6. スペンサーは、社会は成長につれて大きさを増し、構造を複雑に分化させ、それに伴い、機能分化と諸機能の相互依存を強めながら統合に向かうとし、単純社会から複合社会へと進化するとした。

【特別区H28】

6. ○
そのとおり。
社会進化論の記述として正しい。

7. コントは、社会の発展を伝統的社会から高度大衆消費時代に至る5段階に区分する経済成長段階説を唱え、その最終段階には、どの先進産業社会も社会体制のいかんを問わず、類似した状態にたどりつくとした。

【特別区H25】

7. ×
ロストウの誤り。

8. スペンサーは、「経済成長の諸段階」を著し、伝統的社会、先行条件期、離陸期、成熟への前進期、高度大衆消費時代の5段階に区別し、マルクスの一元的な唯物史観に反対した。

【特別区H28】

9. K.マルクスは、『経済学批判』の序言において、唯物史観に基づき、生産諸関係の総体から成る社会の経済的構造を「土台」（下部構造）と呼び、それに規定されて、一つの法的・政治的な上部構造が形成されるとした。

【国税専門官H30】

10. W.ロストウは、『経済成長の諸段階』において、近代産業社会の誕生を経済成長の三段階によって説明し、社会主義体制の社会を除いては、第一段階の伝統社会に続き、第二段階の工業社会を経て、最終段階で脱工業社会に至るとする段階発展説を唱えた。

【国税専門官H30】

11. デュルケームは、社会は、社会成員の没個性的な類似による結合を特徴とする機械的連帯から、社会成員の個性的な差異を基礎とした分業の発達によって生じる結合を特徴とする有機的連帯へと進化するとした。

【特別区H23】

12. デュルケームは、社会は社会成員の没個性的な類似による結合を特徴とする有機的連帯から、社会成員の個性的な差異を基礎とした分業の発達によって生じる結合を特徴とする機械的連帯へと進化するとした。

【特別区H30】

8. ×
ロストウの誤り。また、高度大衆消費時代ではなく、高度大衆消費社会とするのが正しい。

9. ○
そのとおり。
上部構造と下部構造を逆に覚えないようにしよう。

10. ×
伝統的社会→先行条件期→離陸期→成熟への前進期→高度大衆消費社会という5段階を経る。また、このような発展段階は、社会主義体制の社会も含まれる。

11. ○
そのとおり。
機械的連帯から有機的連帯へと覚えよう。

12. ×
有機的連帯と機械的連帯の記述が逆である。

13. パレートは、社会変動の不均衡は、技術とその発明による物質文化が、法律や慣習などの非物質文化よりも急速に変化することで起こる文化遅滞により生じるとした。

【特別区H30】

14. コントは、物質文化が法律や慣習などの非物質文化よりも急速に変化することで起こる文化遅滞により、社会変動の不均衡は生じるとした。

【特別区H25】

15. オグバーンは、社会は成長につれて大きさを増し、構造を複雑に分化させ、それに伴い、機能分化と諸機能の相互依存を強めながら統合に向かうとし、軍事型社会から産業型社会へと進化するとした。

【特別区H30】

16. W.F.オグバーンは、習慣・法律・宗教といった非物質文化が時代とともに変化することに伴い、人間の生活様式をより快適にするための科学や技術といった物質文化が遅れて発展していくとする文化遅滞論を提唱した。

【国家一般職R1】

17. V.パレートは、資本主義がいずれは社会主義に行き着くとするマルクス主義的な発展段階説を批判し、全ての近代社会は、資本主義、社会主義といった社会体制の違いに関係なく、伝統的社会から高度大衆消費社会へと至るとする成長段階説を提唱した。

【国家一般職R1】

13. ×
オグバーンの文化遅滞論の説明である。

14. ×
オグバーンの文化遅滞論の説明である。

15. ×
スペンサーに関する説明である。

16. ×
物質文化に対して、非物質文化が遅れるとした。

17. ×
ロストウの誤り。

18. D.ベルは、1960年代以降の社会変動の中で、財貨生産経済からサービス経済への移行、専門職・技術職階層の優位などにより、先進社会は工業社会から脱工業社会へと移行していくとする脱工業社会論を展開した。

【国家一般職R1】

19. スペンサーは、物的生産を主とする工業社会から、財の生産からサービスの生産へと移行し、理論的知識や情報が優位し、専門職・技術職階層が優位に立つ脱工業社会への変化を主張した。

【特別区H28】

20. スペンサーは、「社会学概論」を著し、基礎社会拡大縮小の法則、基礎社会衰耗の法則、利益社会化の法則などを提起し、人口の量質的組成の変化が社会変動の要因であるとする第三史観を唱えた。

【特別区H28】

18. ◯
そのとおり。
ベルの脱工業社会論の説明として正しい。特徴を含めて覚えておこう。

19. ×
ベルの誤り。

20. ×
高田保馬の誤り。

社会変動に乗り遅れないようにしないとね。

5 都市社会学

難易度 ★ ★ ★
頻出度 ★ ★ ★

都市はどのように形成され、どのような特徴を有するのかを研究するのが都市社会学です。バージェスとワースの2人が頻出なので、しっかりと押さえましょう。

1 R.E.パークの「人間生態学」

シカゴ学派の**R.E.パーク**は、都市社会学の父と称される人物です。動植物の生態学を都市の研究に応用して「人間生態学」(human ecology)と呼ばれる都市社会学を確立しました。有名な著書として『都市』がありますが、これは後述するバージェスとの共著です。この人間生態学とは、生物と環境との関係性を研

アメリカのシカゴ大学に19世紀後半から20世紀にかけて集まった社会学者と、そこで展開された社会学的な研究を指す言葉だよ。

究する生物学上の生態学を、人間と都市環境との関係性にも応用しようとしたものです。「○○のような環境があれば△△のような人々が住み着く」といった関係性を見つけようとした、と考えておいてください。また、パークは「マージナル・マン」という用語を提唱したことで知られています。試験ではあまり出ないので無視していいと思いますが、これは「周辺人」や「境界人」を意味します。異なる複数の文化に属するがゆえに、いずれにも馴染めない人間を言います。マージナル・マンは異なる文化のはざまで生活することになるので、不安定な性格になったり、時として破滅的な行動をとったりすることがあるとします。パレスチナの地以外に移り住んだディアスポラのユダヤ人などが、その例と言えるでしょうね。

1 E.W.バージェスの「同心円地帯理論」

シカゴ学派の**E.W.バージェス**は、著書『都市の成長』
の中で、人間生態学に基づく都市の発展モデルとして、
同心円地帯理論（同心円地帯モデル）を提唱しました。
彼は、アメリカのシカゴを例にとって分析し、都市空間
は、中心業務（ビジネス）地区を中心（核）として、同
心円状に広がりを見せるようになるとしました。具体的
には5つのループに分かれるので次の図を見てください。

初期シカゴ学派の社会
学的方法である「人間
生態学」に基づく理論
だよ。彼はパークのパー
トナーとして有名だよ。

5

都市社会学

同心円地帯理論 5つのループ

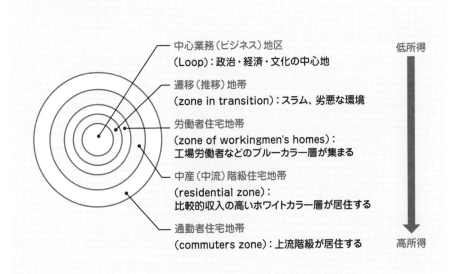

中心業務（ビジネス）地区
(Loop)：政治・経済・文化の中心地

遷移（推移）地帯
(zone in transition)：スラム、劣悪な環境

労働者住宅地帯
(zone of workingmen's homes)：
工場労働者などのブルーカラー層が集まる

中産（中流）階級住宅地帯
(residential zone)：
比較的収入の高いホワイトカラー層が居住する

通勤者住宅地帯
(commuters zone)：上流階級が居住する

低所得

高所得

どうでしょうか？ 理解できますか？ まず、核とされる中心部は中心業務（ビジネ
ス）地区といって、ここは人が住むという感じではないですね。働くために行く場
所といった感じです。その周りには遷移地帯、いわゆるスラムが広がります。移民

や浮浪者、出稼ぎの外国人などが集まる劣悪な環境で治安が悪い地域ですね……。そして、その外側に広がるのが労働者住宅地帯です。ここは、人は住めるのですが、生活環境としてはそこまでよくありません。工場労働者などのブルーカラー層が居住しています。次にくるのが中産（中流）階級住宅地帯です。ここは一般的な家庭、すなわち比較的収入の安定しているホワイトカラー層が住んでいる地域になります。最後にくるのが通勤者住宅地帯です。ここには高所得の上流階級が一戸建てに住んでいる、といったイメージですね。

② 同心円地帯理論に対する批判

H. ホイトは人間生態学に基づき、同心円地帯理論の修正理論である「扇形理論」を提唱しました。彼は『アメリカ都市における住宅地区の構造と成長』という論文で、都市空間が扇形構造として把握されるとしました。具体的には、住宅街は交通路線に沿って放射状に扇形に広がるとしました。扇型に広がるから扇形理論というのだ、と思っておけばOKです。

一方、C.D.ハリスとE.L.ウルマンは、「都市の本質」という論文で、同心円地帯理論と扇形理論について、ともに都市空間の広がりが単一の核から始まるとしていることを批判しました。都市の核は１つではなく、いくつかの核を中心に形成されるとしたわけです。このように核を固定せず、多核心構造で都市の発展とらえる理論を「多核心理論」といいます。

3　都市の特徴

① 都市と農村

地域社会の研究には、都市と農村を別物と考える「都市・農村二分法」があります。これは、P.A.ソローキンとC.ジンマーマンが唱えたものです。職業、環境、地域社会の大きさ、人口密度、人口の同質性や異質性、社会的分化の程度、移動性、相互作用の形（接触の度合い）という８つの指標を用いて都市と農村の区別をしました。しかし、現実の社会はこのような二者択一的な区別になじまず、都市的な要素と農村的な要素を併せ持っていることも多いため、分析としては難ありということが言われます。このような中で、農村の都市化などの現象を目の当たりにして、

多核心理論は「多核」「心理論」ではなく、「多核心」「理論」だよ。切るところをまちがえないでね。

都市と農村の連続性を主張する「都市・農村連続法」が優勢となってきました。この代表論者がR.レッドフィールドや、その同僚であったL.ワースです。

都市と農村を全く別物と捉える考え方を「都市・農村二分法」といい、逆に都市と農村を連続過程でとらえる考え方を「都市・農村連続法」という。

② L.ワースの「アーバニズム」

　まず、**L.ワース**は『生活様式としてのアーバニズム』の中で、都市・農村連続法の立場に立ち、都市に特徴的な生活様式をアーバニズムと名付けました。彼は、都市を「①社会的に異質な諸個人の、②相対的に大きい、③密度のある、④永続的な集落である」と定義しています。この定義は試験でも出題されるので是非覚えておきましょう。そして、アーバニズムが都市をこえて広がる過程が都市化であるとしました。どんな地域であってもアーバニズムという生活様式を身に付け、それを同化していくことで都市化することができるわけです。あくまでもアーバニズムは単に都市に「特徴的な」ものであるだけなので、都市にのみ見られる現象ではないということです。もっと言うと、農村でもアーバニズムを身に付けることで都市になりうるということですね。

　このワースが提唱したアーバニズムは、３つの側面から捉えることができます。彼は具体的に、①人間生態学、②社会組織（構造）、③社会心理学の３つの側面から捉えられるとしました。人間生態学の側面としては、人種や民族異質性、低い出生率などが挙げられます。次に、社会組織（構造）の側面としては、家族的紐帯の弛緩（緩み）、地域コミュニティの崩壊、皮相的（表面的）な第二次的接触の優位性、機能集団の拡大などが挙げられます。さらに、社会心理学の側面としては、相互無関心主義の蔓延、個人主義志向、ステレオタイプに操作されやすいパーソナリティ、神経的な緊張などが挙げられます。

ワースは、親密な第一次的接触が衰退し皮相的な第二次的接触にとって代わられると指摘しているね。第二次的接触が優位する点を強調したということだ。

③ C.S.フィッシャーの「都市下位文化理論」

　C.S.フィッシャーは、1970年代に、前述したワースのアーバニズム論に代わる理論として「都市下位文化理論」を主張しました。すなわち、多様な人々が都市に

集まることによって、新しいネットワークの形成が可能となり、そこから非通念的な下位文化、例えば非行や犯罪、マフィアの発生などが生み出されるとしました。都市の人口集中が、新しいネットワークの形成を可能にするため、皮肉にも様々なよからぬ下位文化を生んでしまうということです。都市になればなるほどこういった下位文化との接触の機会も増え、つながりも強固になるわけですから、下手をすれば歯止めが利かなくなってしまいますよね……。

4 その他の概念

　ここでは都市に関する様々な用語を解説していきます。試験で突然出題されて、うろたえることのないように注意しましょう。

　まず「スプロール現象」について解説します。これは、都市が無計画に拡大することによって無秩序な市街化が進んでしまう、という現象をいいます。都市計画をちゃんとやらないとこうなってしまいますよね……。ですから「都市計画の失敗」というイメージで考えると分かりやすいと思います。このスプロール現象を防ぐための有名な取組みとして、イギリスの「大ロンドン計画」というものがあります。これはロンドン大都市圏で実際に行われた取組みで、市街地の周辺にわざと緑地帯（グリーンベルト）を設け、その外側にベッドタウンを作るというものです。こうすることで適切な街並みを維持することができます。

　次に、「インナーシティ問題」について説明しましょう。これは、空洞化した都心部に低所得者や失業者などが大量に押し寄せてくることによって、税収が悪化し、公共サービスの提供を維持できなくなる現象をいいます。こうなってしまうと、都市はスラム化し、荒廃してしまいます。インナーシティでは、高齢化や人種問題、環境悪化、犯罪の増加など様々な問題が起こってしまいます。

Teramoto's Trivia

グリーンベルトのルーツは、19世紀末にハワードの提唱したガーデンシティだよ。大ロンドン計画自体は1930年代に導入された。

PLAY&TRY

1. シカゴ学派とは、米国のシカゴ大学に19世紀後半から20世紀の初頭にかけて集まった社会学者と、そこで展開した社会学的な研究を指していう言葉である。シカゴ学派の中心人物であったW.F.オグバーンは、科学としての実証的・実践的な社会学を強調し、人間生態学の理論を樹立した。

【国家一般職H26改題】

2. フランクフルト学派の一員であったバージェスは、人間生態学の立場から産業社会における都市が5つの同心円から成立していることを主張した。

【特別区H23改題】

3. バージェスの同心円地帯理論では、都市は中心業務地区から放射状に発展し、遷移地帯、労働者居住地帯、中流階級居住地帯、高所得者住宅地帯がこの順で拡がっているとしている。

【国家一般職H26改題】

4. E.W.バージェスは、都市の空間的発展を定式化した同心円地帯理論に基づき、中心業務地区と労働者居住地帯の間には移民を中心とした貧困層の生活する遷移地帯が形成され、さらに、それらの外部には中流階級居住地帯、通勤者地帯が広がるとした。

【国家一般職R1】

1. ×
バークの誤り。

2. ×
シカゴ学派の誤り。

3. ○
そのとおり。
表現が微妙にずれることはあるけど、5つのループをしっかりと覚えよう。

4. ○
そのとおり。
同心円地帯理論のループの順番を押さえよう。

5. 労働者居住地帯は、土地利用が不安定で固定していない地域で、シカゴ学派は労働者居住地帯に見られる社会組織の解体に注目した。

【国家一般職 H26改題】

6. バージェスの同心円地帯モデルによると、中心業務地区の外側には労働者住宅地帯が広がる。

【特別区 H27改題】

7. バージェスの同心円地帯モデルによると、中心業務地区、遷移地帯の外側には中産階級住宅地帯が広がる。

【特別区 H27改題】

8. バージェスの同心円地帯モデルによると、中心業務地区、遷移地帯、労働者住宅地帯の外側には中産階級住宅地帯が広がる。

【特別区 H27改題】

9. バージェスの同心円地帯モデルによると、一番外側には通勤者地帯が広がる。

【特別区 H27改題】

10. ホイトは、扇形理論で、都市は、中心業務地区や小売業地区などの複数の核から交通道路に沿って形成されるとした。

【特別区 H18改題】

11. ハリスとウルマンは、同心円地帯理論と扇形理論がともに都市の発達を単一の核から始まるとしていることを批判し、機能的に異なったいくつかの核の周りに作られていくという多核心理論を提唱した。

【国税専門官 H14改題】

5. ×
遷移地帯の誤り。

6. ×
遷移地帯が広がる。

7. ×
労働者住宅地帯が広がる。

8. ○
そのとおり。
ホワイトカラー層が居住する。

9. ○
そのとおり。
上流階級が居住する。

10. ×
複数の核から都市が展開していくとするのは多核心理論である。

11. ○
そのとおり。
多核心理論も一応押さえておこう。

12. シカゴ学派に属する社会学者のパークは、都市を「社会的に異質な諸個人の、相対的に大きい、密度のある、永続的な集落」と定義し、この都市がアーバニズムを生み出すと考え、これを人間生態学、社会組織及び社会心理学の３つの側面から捉えようとした。

【特別区Ｒ１改題】

13. ワースは、都市の生活様式は都市固有のものであるとし、都市と農村の性格や特徴を対比的に捉える都市・農村二分法によるアーバニズム論を提示した。

【特別区H24】

14. ワースは、アーバニズムは、社会心理的側面ではなく、社会構造的側面から捉えられるべきであるとした。

【特別区H24】

15. ワースは、都市を、社会的に異質な諸個人の、相対的に大きい、密度のある、永続的な集落と定義し、都市に特徴的な生活様式をアーバニズムと呼んだ。

【特別区H24】

16. Ｌ.ワースは、都市を「社会的に異質な諸個人の、相対的に大きい、密度のある、永続的な集落」と定義した。そして、都市に特徴的な生活様式をコスモポリタリズムと呼び、その特性として非個性化、家族的紐帯の弛緩などを挙げた。

【国家一般職H26改題】

12. ×
ワースの誤り。

13. ×
都市・農村連続法の誤り。

14. ×
人間生態学、社会組織（構造）、社会心理の３つの側面から捉えられるべきであるとした。

15. ○
そのとおり。
都市の定義は大切なので覚えておこう。

16. ×
アーバニズムの誤り。コスモポリタニズムとは、人類をすべて共通の世界市民とみなす考えで「世界主義」ともいう。

17. L.ワースは、企業の管理部門が集積している場所を「都市」と定義した上で、アーバニズムを、複数の帰属意識を同時に持ち得るような寛容さを持った都市的生活様式であるとした。彼は、アーバニズムに満たされた都市では、個人は国家を超えたアイデンティティを確立できるとした。

【国家一般職H30】

18. ワースは、アーバニズム論において、都市における皮相的な第二次的接触の優位を否定し、親密な第一次的接触の存続を強調した。

【特別区H24】

19. C.S.フィッシャーは、大きな人口規模、高い人口密度と異質性を都市の特徴とし、そこで形成される生活様式をアーバニズムと名付け、人間関係においては、親密な第一次的接触に対して、表面的で非人格的な第二次的接触が優位を占めるとした。

【国家一般職R１】

20. ワースは、都市において生み出される生活様式としてのアーバニズムが都市をこえて広がる過程が都市化であるとし、都市化の進展は、対面的な関係である第二次的接触を衰退させ、非人格的な関係である第一次的接触を優位にするとした。

【特別区R１改題】

21. ワースは、多様な人々が都市に集まることによって、新しいネットワークの形成が可能となり、そこから非通念的な下位文化が生み出されるとした。

【特別区H24】

17. ×
都市の定義が明らかに誤っている。アーバニズムが満たされた都市で、アイデンティティを確立できるとも限らない。むしろ、個人主義志向が蔓延するので、アイデンティティは確立しづらいと思われる。

18. ×
第二次的接触の優位を強調した。

19. ×
ワースの誤り。

20. ×
第一次的接触を衰退させ、第二次的接触を優位にするとした。

21. ×
本肢はフィッシャーの説明である。

6 階級・階層・身分

階級・階層・身分の３つを区別するようにしましょう。ただ正直あまり出題されないので、さらっと読み流す程度で OK です。

難易度 ★★★
頻出度 ★★★

1 階級とは

　階級とは、生産手段の所有・非所有によって区別された社会集団です。生産手段を所有している方が資本家階級に、所有してない方が労働者階級に位置付けられます。搾取、被搾取の関係が見て取れるため、階級相互の関係は異質的で敵対的であるとされます。ですから、階級というのは、近代社会以降に規定された経済的・歴史的な概念だと思っておきましょう。

　階級と言えば、まず何と言っても K. マルクスですね。マルクスは、生産関係において客観的に規定された階級に属する人々、つまり労働者階級が、階級帰属意識を持ち、他の階級との階級闘争の必然性を意識することを階級意識と定義しました。そのうえで、この階級意識を持たない初期段階の階級を「即自的

ほかにも、C.W. ミルズは、20世紀のアメリカでは、軍部（軍）、産業界（経済）、官僚（政治）のエリートが相互に利害を一致させ、それにより強力な支配を可能にすると述べたよ。このようなエリートを「パワー・エリート」と呼んだ。政治学でも勉強する内容だ。

階級」としました。それに対し、階級意識を自覚する段階に至った階級を「対自的階級」としています。これは、即自的階級が階級意識を身に付けていくことによって対自的階級に発展する過程を捉えたもので、対自的階級に至った時に階級闘争が勃発するということを指摘したものです。

　一方、R. ダーレンドルフは、『産業社会における階級および階級闘争』を著し、産業社会の成熟とともに、資本家、労働者のいずれの階級にあっても、経営者団体や労働組合のような組織が形成され、階級闘争に一定のルールができあがるため、

階級闘争は強さと激しさを失っていくとしています。これを「階級闘争の制度化」といいます。ただ、彼は階級闘争の根本は消滅しないとも述べていますね。

ちなみに、この考え方はもともとT.ガイガーがマルクスを批判して提唱したものだよ。ダーレンドルフもガイガーの理論を受けてマルクス理論を批判し、自分なりの階級闘争の仮説を立てたんだね。

　なお、T.B.ウェブレンは、勤労階級に対して、「有閑階級」という概念を提唱しました。有閑階級とは、生産的な労働を嫌い、社会的な威信保持のための「誇示的消費」（衒示的消費）にふける上流階級のことを意味し、ウェブレンはこれらの人々を批判しました。

2　階層とは

　階層とは、社会的地位を構成している職業威信、収入、学歴などの地位指標によって区別される社会集団です。これら任意の指標を用いるのである意味、人為的で操作的な概念と言えます。階層相互は連続的な関係となるので、これらの階層が縦に積み重なったものを「社会成層」といいます。

階級とは異なり、階層相互の関係は必ずしも敵対的ではないよ。また、歴史的な概念でもないんだね。

階層と社会成層

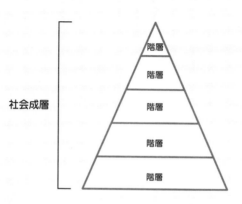

社会成層

階層
階層
階層
階層
階層

Teramoto's Trivia

高級車を乗り回し、ブランド品を身に付けている人は誇示的消費（衒示的消費）をしているということになるね。でも本当の金持ちは、意外に生活が質素だったりするよね。

社会成層については、K.デービスとW.E.ムーアの「機能主義的成層理論」を覚えておきましょう。これは、階層を、有能な人材を重要な仕事や役割に効率的に配分するためのシステムと捉える理論です。彼らは、社会成層の中で上位を占める人々は社会の中で重要性の高い仕事をしている人々で、高い報酬や威信を得るのは当然であると言います。そして、社会的地位の不平等の存在こそ上昇志向を動機付け、社会全体の機能を高めるとしました。これは、社会的不平等の存在は社会にとって有用であるとしたものと言えますね。

3 身分とは

身分は、前近代の法や伝統的な規範で決められた社会集団です。また、世襲されるという特徴があります。**M.ウェーバー**は、身分と階級を区別し、身分は、生活様式や名誉や社会的評価などによって規定されるものであり、一方の階級は、資産の有無や市場における機会によって規定されるものであるとしました。ですから、身分はあくまでも社会的評価によって定まるものであって、経済的概念ではないということが分かりますね。経済的概念はあくまでも階級に位置付けられるということになります。

M.ウェーバー

私が改めて身分と階級のちがいを説明しよう。

財産階級、営利階級、社会階級の3つに分類したよ。

4 新中間層

新中間層とは、いわゆるホワイトカラーのことをいい、企業や官庁で雇用されて企画・管理などの事務、あるいはサービスの提供などをメインに行います。簡単に言うと、非現業部門で働く給与所得者（サラリーマン）のことです。20世紀になって増えたと言われています。工場などの現業部門で直接作業を行う現場作業員のことではありません。このような人々をブルー

旧中間層というのもあるよ。これは、資本主義社会において、資本家と賃金労働者のいずれにも属さず、小所有・小経営として存在する、自営農民層などを指すよ。

Teramoto's Trivia

ホワイトカラーは「白い襟」のことを意味するよ。白いワイシャツのイメージだ。でも、最近の事務系職員はドレスコードが下がってきているから、ホワイトカラーではないこともあるね。

カラーと呼びますが、新中間層には含まれていませんので、注意しましょう。

5 社会移動と文化的再生産論

1 社会移動

　社会移動とは、個人が異なる社会階層に移動することをいいます。社会移動には、様々なものがあります。例えば、子どもが親と異なる社会階層に移動する「世代間移動」と、個人が生涯のうちに異なる社会階層に移動する「世代内移動」があります。また、ある階層からそれと同一水準の他の階層に移動する水平的移動と、水準を異にする他の階層に移動する垂直的移動もありますね。

2 P.ブルデューの「文化的再生産論」

　フランスの社会学者である **P.ブルデュー** は、家庭環境や学校教育を通じて個人に蓄積される文化的な資本を「文化資本」と呼びました。これはお金などの経済資本ではありませんので注意しましょう。彼によると、この文化資本の差が、学業面における成績や社会的な成功に影響し、ひいては階級の再生産につながるとしました。

文化資本を多く持つ者が社会でよりよい地位につける。

P.ブルデュー

知識、趣味、習慣、人間関係をイメージするといいよ。

PLAY&TRY

1. 階級とは、生産手段の所有、非所有とそれに由来する生産関係における地位の違いに基づき、搾取、被搾取の関係に立つ集団であるが、実体的な集団ではなく、操作的な概念である。

【特別区 H29】

2. 生産手段の所有、非所有によって区別される社会集団が「階層」であり、社会的地位を構成している職業威信、所得、学歴などの地位指標によって区別される集団が「階級」である。

【特別区 H26】

3. マルクスは、生産関係において客観的に規定された階級に属する人々が、階級帰属意識を持ち、他の階級との階級闘争の必然性を意識することを階級意識と規定し、この階級意識を持たない状況にある階級を即自的階級とし、階級意識を持つに至った階級を対自的階級として区別した。

【特別区 H26】

4. マルクスは、まだ自らの地位や利害について自覚していない階級を対自的階級と呼び、自覚段階に達した即自的階級と区別して、対自的階級が即自的階級に転化するには、階級意識と階級組織が形成されなければならないとした。

【特別区 H29】

5. ダーレンドルフは、産業社会の成熟とともに、労働者、資本家いずれの階級にあっても、労働組合や経営者団体のような組織が形成され、階級闘争に一定のルールができあがると、階級闘争の激しさが増すとした。

【特別区 H29】

1. ×
階級は、操作的な概念ではなく、経済的・歴史的な概念である。操作的な概念なのは階層である。

2. ×
階層と階級が逆になっているので誤り。

3. ○
そのとおり。
即自的階級と対自的階級を逆にしないようにしよう。

4. ×
対自的階級と即自的階級の説明が逆である。

5. ×
階級闘争の激しさは減少するとした。

6. 階層とは、職業、収入、学歴などの社会的資源が不平等に配分されているとき、同種の社会的資源を同程度に配分されている社会的地位ないし人々の集合であり、階層と階層の間には異質的で敵対的な関係が設定される。

【特別区 H29】

7. ウェーバーは、階級は資産の有無によって成立するのではなく、生活様式や名誉や社会的評価の差異によって成立するので、階級と身分は同概念であるとした。

【特別区 H26】

8. デービスとムーアは、重要な課題に取り組む人は社会的な使命感や仕事の達成感を動機としているのであって、高い報酬だけが誘因になっているわけではないとし、階層や不平等の存在が機能的であるとする機能主義の理論を否定した。

【特別区 H26】

9. デービスとムーアは、社会成層の中で上位を占める人々は社会の中で重要性の高い仕事をしている人々で、高い報酬や威信を得るのは当然であり、社会的地位の不平等の存在こそ上昇志向を動機づけ、社会全体の機能を高めるとした。

【特別区 H29】

10. 資本主義の高度化につれて、所有と経営の分離や労働者層の技能別分化が起こったことにより、社会成層の中間部分に新たに出現した現業部門の生産労働者のことを「新中間層」という。

【特別区 H26】

6. ×
階層と階層との間に敵対的な関係が設定されるというわけではない。

7. ×
生活様式や名誉や社会的評価の差異によって成立するのは身分である。また、階級と身分を区別した。

8. ×
彼らは、機能主義的成層理論を提唱したので誤り。

9. ○
そのとおり。
機能主義的成層理論である。

10. ×
新中間層は、非現業部門で雇用されている給与所得者をいう。

11. 旧中間層とは、資本主義社会において、資本家と賃金労働者のいずれにも属さず、小所有・小経営として存在する、自営農民層などを指す。一方、新中間層とは、企業や官庁などで働く賃金労働者で、事務・サービスなどの業務に従事し、その給与で生計を立てている従業員層をさす。

【国家一般職H28】

12. 社会移動とは、個人が異なる社会階層に移動することをいう。社会移動には、子どもが親と異なる社会階層に移動する垂直移動と、個人が生涯のうちに異なる社会階層に移動する水平移動がある。これらの移動は、産業構造の変動に起因する純粋移動の影響を受けて増減する。

【国家一般職H28】

13. 文化資本は、家庭環境や学校教育を通じて個人に蓄積される文化的な資本である。文化資本は、経済資本とは異なり、階級の再生産には寄与しないが、衣服などのように身体化されたり、書物などのように客体化されたり、資格などのように制度化されたりする。

【国家一般職H28】

11. ○
そのとおり。
新中間層とは、いわゆるホワイトカラーのことである。

12. ×
子供が親と異なる社会階層に移動する世代間移動と、個人が生涯のうちに異なる社会階層に移動する世代内移動があるとした。

13. ×
文化資本は階級の再生産に影響を及ぼすので「階級の再生産に寄与する」の誤り。

7 官僚制

難易度 ★★★
頻出度 ★★★

官僚制は行政学と重複するテーマです。コスパはいいのですが実際はあまり出題されません。行政学で勉強した人は、さらっと読み流す程度で構いません。

1 官僚制とその批判

1 M.ウェーバーの「近代官僚制」

官僚制を研究した人はたくさんいますが、一番有名なのがドイツの社会学者 **M.ウェーバー**です。彼のおかげで、官僚制論は大きく発展し、変化を遂げました。ウェーバーは、ヨーロッパ社会に根付いた官僚制を最初に本格的に研究し、官僚制を、古代や中世封建制の時代に見られた家産官僚制と、官吏（かんり）たちが自由意思に基づく契約によって任命されている近代官僚制とに分けました。

身分制によって支えられていたので、自由な意思で官吏になるというわけではなかった。

ウェーバーは近代官僚制を近代合理主義が現れた、形式的には（純粋技術的に）卓越性を有するシステムと主張しました。その卓越性を、予測可能性と、非人格性（公平無私な中立性）にみました。精密機械のようにピシッとものごとが決まるイメージですよね。でも、官僚制が一度形成されると、永続性が確保されることになるため、それを解体するのが非常に困難になります。国が危機を迎え、たとえ国体が変わった後でも、官僚制だけは生き残ることがあります。例えば、日本も敗戦後官僚制がなくなったかというと、そうではありませんよね。そのことを考え合わせると、強固な永続性が官僚制の特徴であると言えます。

ちなみに、ウェーバーは、支配の正統性として３つの類型を示しました。具体的には、伝統に基づく支配である「伝統的支配」、カリスマという超人的資質を持つ者による「カリスマ的支配」、法やルールによる支配である「合法的支配」の３つで

Teramoto's Trivia

実は、ウェーバーは官僚制を「隷従の鑑」と呼んでいる。このことから官僚制を否定的に捉えていたのでは？ という解釈もあるんだ。一説には、というレベルだけどね。試験では関係ないよ。

す。このうち、近代官僚制は合法的支配の典型例であるとされています。伝統的支配ではないので注意しましょう。

また、官僚制は、大規模な組織であればどこでも不可避的に成立するので、行政機関だけに見られる特有のシステムではありません。

次に、ウェーバーが指摘した近代官僚制の原則を列挙してみます。卓越性の構成要素となる原則ですね。ただ、受験生としては全て覚える必要はないので、代表的なものだけ列挙しておきます。参考にしてみてください。

近代官僚制の原則

① 規則による規律の原則
職務遂行は明確な規則（つまり法律）に従ってなされるという原則です。法律による行政的な意味合いです。

② 明確な権限の原則
職務は規則によって示されている明確な権限の範囲で行われ、越権行為は許されないという原則です（明確な権限の範囲内で職務を行うということ）。

③ 階統制の原則
組織がヒエラルキーになっていて、指揮命令系統の一元化が確保されているという原則です。

④ 文書主義の原則
処分・決定等を文書で行い、それを記録し、保存しておくという原則です。

⑤ 公私分離の原則
職務が私生活から分離され、かつ組織の所有物と職員の私物を分離するという原則です。

⑥ 官職占有（専有）排除の原則
官職の世襲制を排除し、売官を許さないという原則です。

2 R.K.マートンの「官僚制の逆機能」

物事には「順機能」と「逆機能」があるといいます。逆機能とは、「欠点」や「マイナスな側面」のことを意味します。ウェーバーは官僚制の形式面に着目して卓越性を有するとしましたが、そこには欠点もあるとしたわけです。『社会理論と社会構造』という本を書き、このような官僚制の逆機能を指摘したのが、アメリカの社会

学者**R.K.マートン**です。具体的な批判として有名なのが、「訓練された無能力」という言葉です。これは才能がかえって欠陥や盲点となってしまうことを意味し、訓練によって職員の熟練度が高まれば高まるほど、その状況とは異なる事態が起きたときに、適切に対応できないという逆機能が生じてしまうというのです。状況に応じた柔軟な対応ができない点が官僚制の欠点だと批判したわけですね。

　また、規則による規律の原則により、法規万能主義に陥ることから、法規を守ることだけが目的になってしまうとしています。本来法規を守るのは、公共の利益を増進するという目的を達成するための手段であるはずです。しかし、それがいつの間にか、目的にすり替えられてしまうというわけです。これを「目的の転移（転位）」と呼びました。つまり、手段を目的化することを批判したと思っておきましょう。

2　官僚制に関するその他の学説

1　A.グールドナーの「懲罰的官僚制」と「代表的官僚制」

　A.グールドナーは、『産業における官僚制』を著し、ある石膏会社事業所の事例研究を通じて逆機能を発見しました。具体的にどのような逆機能を発見したのかというと、事業所の所長の細かな監督が、組織能率を低下させる結果をもたらすという逆機能です。このようなことから、彼は官僚制を主に、上から一方的に規則を制定し規律を強要する「懲罰的官僚制」と、当事者間の相互了解に基づき規則の運用や活動の規律を行う「代表的官僚制」とに類型化しました。そして、生産性を高めるためには懲罰的官僚制ではなくて、代表的官僚制を導入した方がいいよ、と指摘しています。

「主に」としているのは、3つ目の類型もあるからだ。具体的には、有名無実化した規則をよりどころとして成立している官僚制を「模擬官僚制」と呼んでいる。

② P.M.ブラウの「インフォーマル集団」

P.M.ブラウは、官僚制組織におけるインフォーマル集団の機能に着目し、官僚制が発展的システムであり続けるためには、統合機能を果たす凝集性のある「インフォーマル集団」の形成が必要であるとしました。インフォーマル集団とは、職場内で自然発生的に出来上がった人間関係のことを指し、職場仲間などのことを言います。彼は、『現代社会の官僚制』を著し、インフォーマルな社会関係の凝集性の欠如が個々人の地位の不安定をもたらして、過剰同調や目標の転倒を生み出すとしました。そして、このようなインフォーマル集団が組織の能率を上げるうえで、重要な役割を果たすことを指摘しました。

> 官僚制が発展的システムであるための条件は5つある。具体的には、①最小限の雇用の安定性、②仕事に対する職業意識、③統合的機能を果たす凝集力のある作業集団(インフォーマル集団)の確立、④この作業集団と経営との間の根本的葛藤の欠如、⑤障害物を障害物として経験し、新しい欲求を作り出すという組織上の欲求、の5つである。

③ R.ミヘルスの「寡頭制の鉄則」

R.ミヘルスは、組織の拡大は少数支配を招くとしました。これを「寡頭制の鉄則」といいます。組織が大きくなればなるほど、組織運営の分業化と専門化がもたらされるため、組織の統一的な指導が必要となり、必然的に少数の指導者に権限が集中するとしました。これはある意味、必然的・不可避的な流れです。ですから、たとえ民主主義を標榜する（掲げる）政党組織でも、それが巨大化するにつれて、少数者の手に組織運営の権限が集中していく傾向があり、それゆえどんな組織でも巨大化するにつれて避けることのできない現象であるとしました。

> ドイツなどの社会民主党を検証したんだ。

④ T.バーンズとG.M.ストーカーの「機械的システム」と「有機的システム」

T.バーンズとG.M.ストーカーは、明確な階統構造を持つ官僚制を「機械的システム」と呼び、ヨコ関係と相互行為を重視する組織を「有機的システム」と呼びました。機械的システムは明確な回路を通して意思の疎通が上下方向で行われるため、あまり変化のない安定的な環境条件下になじむ組織であるとしました。一方、変化

に富む不安定な環境条件下では、より柔軟な組織がなじみます。そこで、有機的システムのようなヨコの関係と相互行為を重視する組織形態が有効だとしています。これは、外部的な環境条件に応じてベストな組織の形が決まるというもので、「コンティンジェンシー理論」といいます。環境適応理論ともいいますね。ですから、ベストな組織を模索するにためには、常に外部的な環境条件に目を光らせておかなければなりません。

PLAY&TRY

1. M.ウェーバーは、支配の3類型として合法的支配、伝統的支配、カリスマ的支配を提示し、合法的支配の最も純粋な型が官僚制的支配であるとした。

【特別区H27】

2. M.ヴェーバーは、『支配の社会学』において、支配の三類型のうちの一つである「伝統的支配」の最も純粋な型として官僚制を位置付けた。彼は、近代社会では、官僚制は行政組織内においてのみ観察され、社会の他の領域では見られないと主張した。

【国家一般職H30】

1. ○
そのとおり。
官僚制は合法的支配の典型である。

2. ×
官僚制は行政組織内においてのみ観察されるものではなく、社会の他の領域でも見られると主張した。

3. M.ウェーバーは、官僚制は大規模な組織である行政機関に限られたものであり、大規模な組織がすべて官僚制的特質を示すものではないとした。

【特別区H27】

4. M.ウェーバーは、官僚制の固有の特徴として、権限の明確なヒエラルヒーは存在しないが、成文化された規則が、組織のあらゆるレベルで職員の行動を統制するとした。

【特別区H27】

5. M.ウェーバーは、機械的システムと有機的システムという組織類型を提案し、機械的システムが、明確な回路をとおして意思の疎通が上下方向で行われる官僚制的システムであるとした。

【特別区H27】

6. M.ウェーバーは、官僚制組織が非効率的になる可能性を認識し、官僚制の規則に基づく管理は、顧客との軋轢、職員の規則への固執という潜在的逆機能を生み出すとし、これを官僚制の逆機能と呼んだ。

【特別区H27】

7. ミヘルスは、上からの強制によって制定された規則に基づく官僚制と、当事者間の合意を通して制定された規則に基づく組織の官僚制を、それぞれ懲罰中心的官僚制と代表的官僚制と命名した。

【特別区H30】

3. ✕
官僚制は行政機関に限られたものではなく、大規模組織であればすべてにおいてみられる特質である。

4. ✕
権限の明確なヒエラルヒーは存在する。

5. ✕
バーンズとストーカーの誤り。

6. ✕
官僚制の逆機能を指摘したのはマートンである。

7. ✕
グールドナーに関する説明である。

8. ミヘルスは、集団について、本質意志により結合されたゲマインシャフトと選択意志により結合されたゲゼルシャフトに類型化し、時代はゲマインシャフトからゲゼルシャフトへ移行するとした。

【特別区 H30】

9. ミヘルスは、民主主義を標榜する政党組織であっても、それが巨大化するにつれて、少数者の手に組織運営の権限が集中していく傾向があり、どんな組織でもそれが巨大化するにつれて避けることのできない現象であるとした。

【特別区 H30】

10. ミヘルスは、官僚制が発展的システムであるためには、最小限の雇用の安定性、仕事に対する職業意識、統合的機能を果たす凝集力のある作業集団の確立、この作業集団と経営との間の根本的葛藤の欠如、障害物を障害物として経験し、新しい欲求を作り出すという組織上の欲求の5つの条件が必要であるとした。

【特別区 H30】

11. ミヘルスは、機械的システムと有機的システムという2つの組織類型を提案し、機械的システムは明確な回路を通して意思の疎通が上下方向で行われるのに対して、有機的システムは細分・配分されない役割、責任・権限の弾力性、ヨコ関係と相互行為の重視が特徴であるとした。

【特別区 H30】

8. ×
テンニースの説明である。

9. ○
そのとおり。
寡頭制の鉄則である。

10. ×
ブラウに関する説明である。

11. ×
バーンズとストーカーに関する説明である。

12. マートンには、「支配の諸類型」の著書があり、支配の３類型として合法的支配、伝統的支配、カリスマ的支配を提示して、合法的支配の最も純粋な型が官僚制であるとした。

【特別区Ｒ１】

13. マートンは、「現代社会の官僚制」を著し、インフォーマルな社会関係の凝集性の欠如が個々人の地位の不安定性をもたらして、過剰同調や目標の転倒を生み出すとした。

【特別区Ｒ１】

14. マートンは、「社会理論と社会構造」を著し、規則の遵守を強調することが、職員の規則への過剰同調による目標の転移という予期しない結果をもたらすとし、これを官僚制の逆機能と呼んだ。

【特別区Ｒ１】

15. マートンには、「組織とリーダーシップ」の著書があり、テネシー渓谷開発公社（ＴＶＡ）が草の根民主主義の理念を政策に反映させようとした結果、その事業に関係する有力団体を政策過程の中に取り込んだ事実を指摘した。

【特別区Ｒ１】

16. マートンは、「産業における官僚制」を著し、石膏事業所の実証的研究により、官僚制を模擬官僚制、代表官僚制、懲罰型官僚制に類型化して、懲罰型官僚制である場合に、組織内の緊張が生じやすいとした。

【特別区Ｒ１】

12. ×
ウェーバーの誤りである。

13. ×
ブラウの誤りである。

14. ○
そのとおり。
目標（目的）の転移はとても大切である。

15. ×
セルズニックに関する説明である。やや細かいので気にしなくてもいい。

16. ×
グールドナーの誤りである。

<blockquote>
難易度 ★★★

頻出度 ★★★
</blockquote>

8 社会心理

社会心理は、内容が哲学的になるので少し難しいと感じるかもしれません。しかし、過去問に出題されているのは、単純な知識にすぎません。

1 社会的性格

1 社会的性格とは

E. フロムは、著書『自由からの逃走』で社会的性格という概念を提起しました。社会的性格とは、「1つの集団や階層の大部分の成員が共有している性格構造の本質的な中核であり、その集団や階層に共通な基本的経験と生活様式の結果として

E. フロム

<blockquote>
社会的性格を定義化してみたけど、わかりづらくなっちゃったね。
</blockquote>

形成されたもの」をいいます。正直分かりづらいですよね……。これは例えば、民族的性格や〇〇気質などです。職人気質とか、役人気質とかですね。フロムは、ワイマール体制下のドイツ下層中産階級がそれまで有していた自由を捨てて、ファシズムに流れていった経緯を分析し、共通の社会的性格を見つけ出しました。それが「権威主義的性格」です。これは強者（ヒトラーなど）への服従（マゾ）と弱者（ユダヤ人や共産主義者）への攻撃（サド）を併せ持つ複雑なパーソナリティです。この社会的性格がナチスの台頭を招いたと分析したのです。

<blockquote>
「権威主義的パーソナリティ」と表現することもあるよ。
</blockquote>

一方、**T.W. アドルノ**は、ユダヤ系だったため、ナチスの台頭から逃れるべくアメリカに亡命しました。そこで『権威主義的パーソナリティ』を著し、第二次世界大戦後の

T.W. アドルノ

<blockquote>
『権威主義的パーソナリティ』はアメリカに亡命しているときに書いた論文だ！覚えておいて。
</blockquote>

<blockquote>
フロムはフロイトの精神分析を応用したよ。アドルノもその影響を受けているね。
</blockquote>

<blockquote>
Teramoto's Trivia
</blockquote>

<blockquote>
82
</blockquote>

アメリカ社会を分析することになります。その中で権威主義的性格を構成する9つの心理的要因に基づいて「F尺度」（ファシズム尺度）なるものを提唱しました。彼によると、権威主義的性格は家庭における厳しいしつけが原因で生まれ、ファシズムのイデオロギーを受け入れやすいと言います。

② D.リースマンの『孤独な群衆』

D.リースマンは、『孤独な群衆』という本の中で、社会的性格を同調性の様式と捉えて、その同調性の様式を、「伝統指向型」「内部指向型」「他人指向型」の3つに分類しました。そのうえで、アメリカ人の社会的性格は、第二次世界大

時代とともに同調性の様式は変わるよ。キミはどのタイプ？

D.リースマン

戦後の産業化の進展とともに、個人の内面にある価値を追求する内部指向型から、周囲の動向に絶えず気を配る他人指向型へと変化してきたとしました。

D.リースマンの社会的性格

	同調性の様式（性格）	時代
伝統指向型	伝統的な価値に合わせて行動する。	前近代社会（中世）
内部指向型（ジャイロスコープ型）	自分の心の中にある価値（思想・良心・信条・信念）に従って行動する。心のコンパスに従う。個人主義的。	産業革命後19世紀までの近代市民社会
他人指向型（レーダー型）	周囲の動向に合わせて行動する。	資本主義が成熟した現代大衆社会

時代順に覚えるのがポイントだよ。

2 自我

1 G.H.ミードの主我（I）と客我（me）

　　G.H.ミードは、自我の形成を主我（I）と客我（me）の2つを使って説明しました。まず、客我（me）とは、自分に対する他者の役割期待を取り入れることによって形成される他者の視点で、「一般化された

G.H.ミード

自我＝I＋meということだよ。meにIが反応するんだ。そして覚醒して自我になる。

他者」といいます。それに対し、主我（I）とは、客我（me）を意識しながら反応する態度を意味します。要するに、客我（me）に反応して、それを変容させ、新たなものを生み出します。このように、客我（me）とそれに対する主我（I）の相互作用によって出来上がるのが、自我というわけです。ちょっと分かりにくいでしょうか……。では、具体例を示しましょう。例えば、皆さんは周りから医者になってもらいたいと期待されているとしましょう。皆さんはそのような周りからの期待を十分認識しています。これが客我（me）です。しかし、皆さんは医者にはなりたくないと思っています。しかし地域の医療態勢には疑問を持っていたことから、公務員になって地域の医療態勢の拡充に努めたいと思うようになります。これが主我（I）。このように、自我は客我（me）とそれに対する主我（I）の相互作用によって確立されていきます。

ミードの主我（I）と客我（me）

自我＝主我（I）＋客我（me）

主我（I）　　　　　　　　　　　　　　　　客我（me）
「一般化された他者」

でも、医者にはなりたくない。それよりも地域の医療態勢の拡充に努めたいので、公務員になろう（反応）。

周りからは医者になって欲しいと期待されている。

反応　←

人は他者の役割期待を認識し、これにより自己の内部に「一般化された他者」を形成していく。これが客我（me）。他方、人はこれに対して反応し、変容させ、新しい自分を生み出す。これが主我（I）だね。

② S.フロイトのイド（エス）・超自我・自我

　S.フロイトは、パーソナリティを「イド（エス）」「超自我」「自我」から構成されるとしました。この３つにはそれぞれ役割が決まっていて、**イド**は無意識の部分で、衝動の実現それ自体を追求するところの快楽原則に従うものです。

自我で調整

S.フロイト

イドだけに従って生きてみたいものだ。それもそれで、おもしろいよね。

要するに**本能のようなもの**だと思ってください。これに対し、**超自我**は、道徳的態度を内面化した**社会的規範**であるとしました。イドの暴走を監視したり、統制したりする役目を担います。そして、**自我**は、イドと超自我との葛藤（ケンカ）を調整する**理性の役目**を果たします。このような過程を経て、人のパーソナリティは形成されていきます。例えば、あなたが他人からバカにされ、イライラしているとしましょう。その時、あなたはその他人を殴ってやりたいと考えるかもしれません（これがイド）。しかし、道徳的に見て、人を殴ることはよくないということを心の中では認識しています（これが超自我）。そこで、あなたは殴りたいという気持ちとグッとこらえて話し合いで和解する道を選びました（これが自我）。こんな感じで、イド

の暴走を超自我が監視・統制し、その２つの葛藤を自我が調整することでパーソナリティが形成されるのです。あなたは「冷静」というパーソナリティを持つようになります。出題のポイントとしては、超自我と自我の役割をひっくり返してくるパターンが多いので、逆に覚えないようにすることですね。

フロイトのイド（エス）・超自我・自我

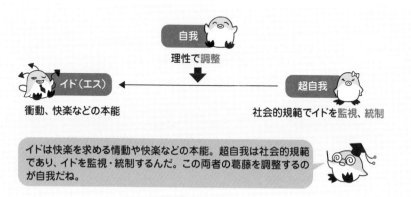

3 C.H.クーリーの「鏡に映った自我」

　C.H.クーリーは、「鏡に映った自我」という概念を打ち立てた人です。クーリーによると、人は、他人との相互行為の中で、その他人が自分をどのように見ているのかを考え、これに基づいて自分の自我を形成していくと言います。まるで自分の顔や姿が鏡に映し出されることによって初めてわかるのと同じように、人は鏡としての他人を通じてなかば反省的に自己を知ることができるというのです。このように、自我は他人とのかかわりの中で形成されるものである、というのがクーリーの主張です。簡単に言うと、自我は自己に対する他人の評価を内面化する過程で自ずと生まれてくるということですね。

3 その他

1 G.オールポートの「精神・身体的システムの力動的組織」

　G.オールポートは、パーソナリティについて、「個人内部にある精神・身体的シス

クーリーは、社会学学会の会長職を務めた人物だよ。

テムの力動的組織」と呼んでいます。そして、このシステムが個人の環境に対する独自の適応の要因となる、としています。いまいち意味が分かりにくいのですが、要するに積み上げてきた経験が精神的・身体的成長をもたらし、それが力動的に、つまりダイナミックに人の個性を形作るとしたと思っておきましょう。正直、深入りは不要です。

2　E.H. エリクソンの「アイデンティティ」

E.H. エリクソンは、「アイデンティティ」（自我同一性）という概念を用いて、パーソナリティの形成を問題にしました。彼は、青年が大人と

なるべくアイデンティティを早く確立しよう。みんなは大丈夫だよね？

E.H. エリクソン

しての役割を一時的に免除されることを、モラトリアムと呼びました。これは猶予期間を意味しますね。ですから、青年期は、成人期や成熟期に向けてアイデンティティを確立するためのモラトリアム期であり、一方でアイデンティティの危機に最も直面する時期でもあるとしました。最近の若者はモラトリアム期が長い、などと巷では言われていますが、私はそうは思いません。今こうやってこの本を読んで勉強している人は、公務員として活躍する自分を明確にイメージできているにちがいないからです。

3　A. カーディナーの「第一次的制度」と「第二次的制度」

A. カーディナーは、幼少期における育児やしつけ、衣食住の様式などを「第一次的制度」と呼びました。そして、これが社会成員（メンバー）に共通の性格を作り出すと言います。また、第一次的制度がタブーや儀礼などの「第二次的制度」に投射され、やがてそれが固定化されるとしました。

4　R. リントンの「基礎的パーソナリティ」と「地位のパーソナリティ」

文化人類学者のR. リントンは、マダガスカル島で調査を行い、所属する社会集団の各成員が内面化している特徴的価値・態度反応の要素の総合体を「基礎的パーソナリティ」と呼びました。そして、これが身分との関連で結びついたものを「地位のパーソナリティ」と呼びました。私は昔からサッカーが好きだったので、これ

Teramoto's Trivia

僕は28歳まで役者をして、ふらふらしていたから、アイデンティティの崩壊状態が長く続いた。今では笑い話だけど、当時はキツかったよね。

まで様々な団体（少年団、部活動、同好会）に所属してきました。この団体のメンバーはもちろんサッカーが好きなわけです。これが基礎的パーソナリティです。そして、このような基礎的パーソナリティが職業に結びついたときに、地位のパーソナリティになります。つまり、プロサッカー選手になれば、それが地位のパーソナリティになると……。しかし、私の周りには、そのような人は1人もいませんでした（笑）。

PLAY&TRY

1. E.フロムは、『自由からの逃走』などを著した。また、彼は、同一の集団、階層、文化に属する成員の大部分が共有するパーソナリティ構造の中核を意味する概念を、社会的性格と定義付けた。

【国税専門官 H28】

2. W.ベンヤミンは、『権威主義的パーソナリティ』などを著した。そして、彼は、権威ある者に対しては反抗する一方、弱い者に対しては自らの権威を利用し、自らの力を誇示して絶対的な服従を要求するといった、一連のパーソナリティ特性を権威主義的パーソナリティとした。

【国税専門官 H28】

3. リースマンは、社会的性格を、1つの集団や階層の大部分の成員が共有している性格構造の本質的な中核であり、その集団や階層に共通な基本的経験と生活様式の結果として形成されたものであると定義した。

【特別区 H30】

1. ○
そのとおり。
社会的性格の定義はしっかりとイメージできるようにしておこう。

2. ×
『権威主義的パーソナリティ』は、アドルノの著書。また、権威主義的パーソナリティは、権威ある者に対して反抗するのではなく、服従する。

3. ×
フロムの誤り。

4. リースマンは、伝統指向型、内部指向型、他人指向型という３つの社会的性格を挙げ、第二次世界大戦後のアメリカの都市的な上層中産階級に見られる社会的性格を内部指向型であるとした。

【特別区H30】

5. リースマンは、伝統指向型を、変化の緩やかな伝統的社会の中で、その文化が提供する伝統、慣習などに従順に従って行動する社会的性格であり、初期資本主義社会に支配的な性格類型であるとした。

【特別区H30】

6. リースマンは、内部指向型を、権威あるものには服従し、弱者には絶対的服従を要求する社会的性格であり、ドイツ資本主義社会における中産階級に典型的に見出される性格類型であるとした。

【特別区H30】

7. リースマンは、他人指向型を、期待や好みといった他者からの信号に敏感に反応し、それに応じて自己の生活目標を変えていく社会的性格であり、現代の大衆社会に支配的な性格類型であるとした。

【特別区H30】

8. S.フロイトは、パーソナリティをイド、超自我、自我から構成されるとし、イドは無意識の部分で、衝動の実現それじたいを追及するところの快感原則に従うものであり、超自我は、道徳的態度を内面化したものであるとし、自我は、イドと超自我との葛藤を調整するとした。

【特別区H27】

4. ×
内部指向型から他人指向型に変わってきたとした。

5. ×
伝統指向型は、前近代社会（中世）に支配的な性格類型である。

6. ×
フロムの権威主義的性格に関する説明である。

7. ○
そのとおり。
レーダー型ともいわれる。

8. ○
そのとおり。
それぞれの役割を意識しよう。

9. S.フロイトは、パーソナリティを３つの要素から構成されているものとした。このうち、イドは、発生的には幼児期における両親の道徳的態度等の内面化の所産であり、超自我は、無意識の部分で、衝動の実現それ自体を追求する「快感原則」に従うものであるとする。自我は、「現実原則」に従い、イドと超自我の葛藤を調整する役割を果たすものであるとした。

10. G.H.ミードは、因襲に対して無批判に同調し、権威ある存在に従順であると同時に無力な存在に対して、攻撃的である特性をもった権威主義的パーソナリティは、ファシズムのイデオロギーを受け入れやすいとした。

【特別区H27】

11. G.H.ミードは、自我をＩとmeの２側面をともなって進行する過程であり、社会過程の一部をなすものとして分析した。meとは、他者の態度を内面化し、他者が自分に期待している役割を取り入れることによって形成される自我の社会的側面であり、Ｉとは、個人の内発的反応のことであるとした。

【特別区H29改題】

12. G.H.ミードは、認知又は内面化される他者からの社会的期待や規範の総体を「一般化された他者」と呼んだ。そして、人は、幼少期からの他者との相互作用の積み重ねを通じて、他者の自分に対する期待を取り入れて自我を形作っていくとした。

【国税専門官H29改題】

9. ×
イドと超自我が逆である。

10. ×
権威主義的パーソナリティは、フロムやアドルノが提起した概念である。

11. ○
そのとおり。
Ｉとmeを逆にしないようにしよう。

12. ○
そのとおり。
「一般化された他者」というキーワードは頻出である。

13. G.H. ミードは、自分に対する認知や評価を持ち、鏡のように、自己の在り方を映し出す他者のことを「一般化された他者」と呼んだ。

【国税専門官 H29改題】

14. C.H. クーリーは、近代的な自己が、他者との関係の中で自らを反省的に捉えるのではなく、専ら自己愛ばかりを働かせ、閉鎖的になっている状態を批判し、これを「鏡に映った自己」と呼んだ。

【国家一般職 H27】

15. E. フロムは、個人は、乳児期から青年期や成人期を経て成熟期にいたるライフスタイルの諸段階を通過するが、各段階には、その段階において解決しなければならない課題があるとし、青年期は、アイデンティティの危機に最も直面するとした。

【特別区 H27】

16. R. リントンは、所属する社会集団の各成員が内面化している特徴的価値・態度反応の要素の総合体を最頻的パーソナリティと呼び、これが身分との関連で結びついたものを基礎的パーソナリティと呼んだ。

【特別区 H21】

13. ×
一般化された他者ではなく、「鏡に映った自我」の誤り。また、そのような主張をしたのはクーリーである。

14. ×
他者との関係の中で自らを反省的にとらえて自我形成をしていく概念を「鏡に映った自我」と呼んだ。なお、「鏡に映った自己」でもいい。

15. ×
エリクソンに関する説明である。

16. ×
最頻的パーソナリティは基礎的パーソナリティの誤り。また、基礎的パーソナリティは地位のパーソナリティの誤り。

文化

難易度 ★ ★ ★

頻出度 ★ ★ ★

このテーマはめずらしく日本の学者が多数登場します。西欧の文化と、日本の文化を比較させて覚えるといいでしょう。イメージで考えると分かりやすいと思います。

1 文化の定義

文化の定義をした学者はたくさんいます。ここでは試験で出てきたことのある人たちをご紹介します。

1 R. リントン

文化とは、学習された行動と、その成果の統合形態であり、その構成要素は、特定社会の成員によって分有され、伝達されているとしました。**R. リントン**のキーワードは、「分有」と「伝達」です。社会のメンバーがみんな持っていて、伝達されていくものが文化だ、と言っているわけですから、とても分かりやすいと思います。

また、リントンは、文化を類型化したことでも知られています。具体的には、全成員が共通に参与し支持している（つまりみんなが持っている）文化を「普遍的文化」と呼びました。これは言語や社会道徳などを意味すると思っておきましょう。次に、社会の特定の階層や職業に属する成員だけが参与し支持している文化を「特殊的文化」と呼びました。さらに成員が自分の興味関心などに従い、自由に参与し支持することもできれば離脱することもできる文化を「任意的文化」と呼びました。

2 E. タイラー

E. タイラーは、文化とは、社会の一員としての人間によって獲得された知識、信仰、芸術、道徳、法律、慣習およびその他の能力や習慣を含む複合的全体である、としました。これはそのまま試験で出てきますので、ぜひ覚えてほしいのですが、

なかなか厳しそうですよね……。基本的な覚え方は、いろいろな要素を平らに並べてきたらタイラーだと思っておきましょう。「平らに並べるタイラー」と覚えておけば試験的には十分です。ちなみに、タイラーは、文化と文明をあまり区別していません。ですから、「タイラーが文化と文明を峻別して定義した」ときたら×をつけてください。

文化も文明も同じようなものだ。いろいろと並べてみよう。

E. タイラー

❸ A.L.クローバーとC.クラックホーン

A.L.クローバーとC.クラックホーンは、文化とは、明示的または黙示的に存在する行動についての行動のためのパターンからなり、シンボルによって伝達されるものであると考えました。また、文化の本質的な中核は、伝統的に伝えられてきた観念やそれに付与された価値からなるとしました。

2 日本文化

❶ R.ベネディクトの「罪の文化と恥の文化」

R.ベネディクトは、著書『菊と刀』の中で、西欧文化は内面的な良心を重んじる「罪の文化」であるのに対して、日本文化は他人の評判や体面を重視する「恥の文化」であるとしました。西欧では、罪悪感という内面的な制裁を恐れて自己の行為

西欧は罪、日本は恥と覚えてね。アーメン。

R. ベネディクト

を律する人が多いといいます。これにはキリスト教の影響が多分にあるのでしょう。一方、日本は、他者の非難や嘲笑を恐れて自己の行動を律する人が多いといいます。これは何となく分かりますよね（笑）。日本人は恥をかくのを嫌いますからね……。

ベネディクトの 「罪の文化と恥の文化」

「罪の文化」	「恥の文化」
→西欧の文化 内面的な罪悪感により行為を律する	→日本の文化 他人の評価や体面を重視して行動する

② 中根千枝の「タテ社会」

　中根千枝は、著書『タテ社会の人間関係』の中で、日本人の集団参加は、個人の「資格」よりも自らが置かれた「場」の共有によりなされているとしました。つまり、同じ職種であることよりも、同じ職場ということの方が重要視されます。

　成員は、単一集団への一方的帰属が求められるものの、そこにはもちろん異なる「資格」の者が含まれます。しかし、たとえ同じ資格の者同士の間でも先輩・後輩、親分・子分のような「タテ」の関係が発達するといいます。こうして出来上がった「タテ」の序列が、人間関係の決定的な要素となるというわけですね。

③ 土居健郎の「甘えの構造」

　土居健郎は、『「甘え」の構造』の中で、日本では、「甘え」の文化が対人関係の基調となっていると言います。甘えというのは元来母親に対する乳児の依存的な愛情欲求ですが、日本ではこの「甘え」が大人の対人関係の基調となっているとしています。そし

日本人は甘え上手。対人関係を円滑にするためにも、甘えは大切だよ。

土居健郎

て、日本人は所属集団における甘えを十分体験することによってしか自分の存在を確認することができず、義理や人情も甘えに深く根ざしているとしました。「甘え」を日本人のパーソナリティ構造を理解するための鍵と考えたわけです。ただ、必ずしも甘えがダメだと言っているわけではない点に注意しましょう。甘えの有害性を述べたわけではありません。

④ 丸山眞男の「タコツボ型」と「ササラ型」

　丸山眞男は、日本文化と西欧文化を「タコツボ型」と「ササラ型」に分けて説明しました。具体的には、日本文化は、コミュニティが閉鎖的なので、相互の関係を持たないバラバラの孤立した文化だとしてタコツボ型であるとしました。一方、西欧文化は、すべてその根幹に共通の文化的伝統を持ち、そこから派生して発展していったので、ササラ型と呼びました。簡単にいうと、日本文化は根元の結束部分のないタコツボ型、西欧文化を根元の結束部分のあるササラ型としたわけです。

Teramoto's Trivia　中根千枝は、女性初の東大教授だよ。

タコツボ型とササラ型

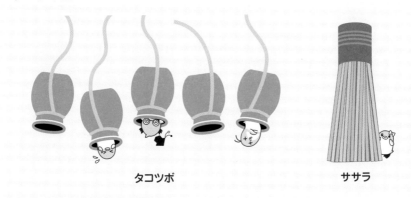

タコツボ　　　　　　　　　　　　ササラ

⑤ 濱口惠俊の「間人主義」

　濱口惠俊（えしゅん）は、著書『間人主義（かんじんしゅぎ）の社会 日本』の中で、日本人の文化的意識や対人意識を、欧米型の「個人主義」と対比して「間人主義」という言葉で説明しました。自分と他者の間柄を意識し、空気を読むタイプの人間を「間人」と呼び、日本はそのような間人の集まりによって構成されているとしました。対人的な意味連関の中で、関連性そのものを自己自身だと認識するようなシステムが間人主義だと言っていいと思います。「間人主義」の特徴は、相互依存主義、相互信頼主義、対人関係の本質視にあります。ですから、試験的には、自己中心主義、自己依拠主義、対人関係の手段視などのキーワードを見たら、全く逆の個人主義の特徴である、と判断して構いません。

⑥ 井上忠司の「世間」

　井上忠司（ただし）は、著書『「世間体の構造」社会心理史への試み』の中で、日本人にとって準拠集団となる「世間」は、身内や仲間内という身近な存在と、他人やよその人といった遠い存在との中間に位置しているとしました。試験的には「中間」に位置する、というのがポイントですね。

9
文化

Teramoto's Trivia

「濱口は、かんじん（間人）なときに空気を読む」と覚えるといいよ。

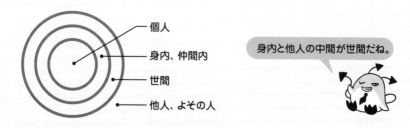

世間とは

- 個人
- 身内、仲間内
- 世間
- 他人、よその人

身内と他人の中間が世間だね。

7 川島武宜の「封建的な家族原理」

　川島武宜は、著書『日本社会の家族的構成』の中で、日本の社会はいまだに封建的な家族原理から成り立っていると指摘しました。そして、これが日本の民主化を遅らせる主な要因となっていると主張し、徹底的に家族制度を批判しました。封建的な家族的原理がはびこっている以上、真の民主主義社会はやってこないということです。

8 梅棹忠夫の「生態史観」

　梅棹忠夫は、著書『文明の生態史観』の中で、文明の生態史観の立場から、独自の社会研究を行いました。彼は、ユーラシア大陸の両極に位置する日本と西ヨーロッパの社会とは、高度文明社会として同質のものであると主張しました。結構過激な考え方だとは思いますが、試験的には「同質」という点がポイントです。そして、日本や西ヨーロッパの社会を「第一地域」、それ以外の地域を「第二地域」と呼んで区別しました。

PLAY&TRY

1. タイラーは、文化とは、学習された行動とその成果の統合形態であり、その構成要素は、特定社会の成員によって分有され、伝達されているものであるとした。

   【特別区 H22】

2. タイラーは、文化とは、ある社会の一員としての人間によって獲得された知識、信仰、芸術、道徳、法律、慣習及びその他の能力や習慣を含む複合的全体であるとした。

   【特別区 H28】

3. リントンは、文化とは、社会の成員としての人間が獲得した知識、信仰、道徳、法、慣習その他の能力と習慣を含む複合的な全体であるとした。

   【特別区 H22】

4. リントンは、文化とは、明示的に存在する行動についての行動のためのパターンからなり、シンボルによって伝達されるものであり、文化の本質的な中核は、伝統的に伝えられてきた観念やそれに付与された価値からなるとした。

   【特別区 H28】

5. 土居健郎は、日本文化を「恥の文化」であると規定し、日本人は他者の非難や嘲笑を恐れて自己の行動を律するが、西欧的な「罪の文化」の中では人は罪責感という内面的な制裁を恐れて自己の行動を律するとした。

   【特別区 H28】

1. ×
リントンの誤り。

2. ○
そのとおり。
平らに並べてあればタイラーと思っていい。

3. ×
タイラーの誤り。

4. ×
クローバーとクラックホーンの誤り。

5. ×
ベネディクトの誤り。

9

文化

6. ベネディクトは、日本では、「甘え」の文化が対人関係の基調となっており、日本人は所属集団における甘えを十分体験することによってしか自分の存在を確認することができず、義理や人情も甘えに深く根ざしているとした。

【特別区 H22】

7. 濱口惠俊は、「甘え」は元来母親に対する乳児の依存的な愛情欲求であるが、日本ではこの「甘え」が成人の対人関係の基調となっているとし、「甘え」を日本人のパーソナリティ構造を理解するための鍵概念と捉えた。

【特別区 H24】

8. 中根千枝は、日本人の集団参加は、個人の「資格」よりも自らの置かれた「場」に基づいており、単一集団への一方的帰属が求められるが、そこには相異なる「資格」の者が含まれ、成員間に「タテ」の関係が発達するとした。

【特別区 H24】

9. 土居健郎は、欧米人の個人主義と対比し、日本人の文化的価値ないし対人関係観を「間人主義」と呼び、日本人にとって人間とは、対人的な意味連関の中で、連関性そのものを自己自身だと意識するようなシステムであるとした。

【特別区 H24】

10. 井上忠司は、日本人にとって準拠集団となる「世間」は、身内や仲間内という身近な存在と、他人やよその人といった遠い存在の、さらに外側に位置しているとした。

【特別区 H24】

6. ×
土居健郎の誤り。

7. ×
土居健郎の誤り。

8. ○
そのとおり。
タテ社会に関する記述として正しい。

9. ×
濱口惠俊の誤り。

10. ×
「世間」は、身近な存在と遠い存在の中間に位置しているとした。

11. 丸山眞男は、日本の文化は、全てその根幹に共通の文化的伝統を持ち、そこから派生し、発展したものであるとし、その文化の型を「ササラ型」と表現し、西欧の「タコツボ型」文化と対比させた。

【特別区H24】

日本人の学者が出てくると逆に覚えづらいなぁ。焦らずに進もう。

10 マス・メディア

難易度 ★★★
頻出度 ★★★

頻出とは決して言えませんが、政治学でも出題されるので、コスパのいいテーマです。苦手にする人があまりいない点も特徴です。

1 マス・メディアとは

　マス・メディア論は、政治学で勉強した人が多いと思いますが、社会学でも出題されます。情報伝達は、社会学でも大きなテーマになるのでしっかりと押さえておきましょう。

　まず、テレビやラジオ、新聞、雑誌など不特定多数の受け手にメッセージを伝達する手段を総じて、マス・メディアといいます。そして、これらを通じて行われる情報の伝達過程を、マス・コミュニケーションといいます。マス・コミュニケーションにおいては、通常、送り手と受け手の役割が固定化されていて、単数あるいは少数である送り手が、不特定多数の受け手に向けて情報を伝達する点に特徴があります。また、コミュニケーションの送り手は個人ではなく、専門的な特定の組織であることが多いですね。ただ、最近はインターネットの発達により、送り手が個人となることもあると指摘されています。

2 アナウンスメント効果

　アナウンスメント効果とは、マス・メディアが選挙時において、有権者の投票行動に与える効果をいいます。単にアナウンス効果ということもあります。これには大きく2つあるとされていて、試験的には、バンドワゴン効果とアンダードッグ効果を押さえましょう。

　まず、バンドワゴン効果（勝ち馬効果）ですが、これは有権者が勝ち馬に乗ろう

Teramoto's Trivia
マス・メディアが大量の情報を流すと、逆に大衆の社会的関心が失われることもある。これを麻酔的逆機能というよ。

という行動に結びつく効果です。例えば、選挙期間中にＸ候補が有利であるという情報が報道で流れた際に、その後においてＸ候補の獲得票が増加するような効果です。自分の投じた一票が無意味な票、すなわち死票になることを嫌うことから起こると言われます。

　一方、アンダードッグ効果（負け犬効果）は、バンドワゴン効果とは逆に、有権者が同情票を投じる行動に結びつく効果です。例えば、選挙期間中にＹ候補者が不利であるという情報が報道として流れた際に、Ｙ候補の獲得票が増加するような効果です。これは日本でよくみられる現象だと思います。判官びいき効果とも言われますね。

3　マス・メディアの効果論

　マス・メディアの効果論は、マス・メディアの影響が実際大きいのか、小さいのかということを検証するものです。一般的に強力効果論、限定効果論、新強力効果論の３つに大きく分けられますので、順を追って説明していきます。

1　強力効果論（弾丸理論、皮下注射モデル）

　これは初期段階に出てきた効果論です。その名の通り、マス・メディアの効果は強大なものであるということですね。「弾丸理論」や「皮下注射モデル」などともいわれるのですが、即効性のある強力な効果というイメージを持っておくといいと思います。代表論者は**W.リップマン**を挙げることができます。彼は著書『世論』の中で、人々は現実の環境ではなく、マス・メディアが作り上げた「疑似環境」に反応しているとしました。この疑似環境とは、何のバイアスもかかっていない自然的事実ではな

W.リップマン

疑似環境とステレオタイプは強力効果を生み出す源だよ。マス・メディアの効果は絶大だ。

ちなみに、後に、D.J.ブーアスティンは、自然発生的な「現実」ではなく、マス・メディアによって人為的に作られた「偽物」の出来事を、「疑似イベント」と呼んだよ。1960年代に提起された概念なんだ。

く、マス・メディアが様々な情報から取捨選択して再構成した環境です。しかし、大衆はそれをあたかも生の事実と勘違いしてしまい、ステレオタイプを用いて世論

を形成していくというのです。

② 限定効果論（「コミュニケーションの2段階の流れ」仮説）

　限定効果論は、マス・メディアの影響はたいしたことないんじゃないか、と考える立場です。コロンビア学派の**P.F.ラザースフェルド**が典型的で、彼は1940年代のアメリカ大統領選挙「エリー調査」に基づいて「コミュニケーションの2段階の流れ」仮説を提唱しました。これは、マス・メディアの情報は、いきなり大衆に影響を及ぼすのではなく、まずは大衆各人が所属する小さなコミュニティ（家族や地域、職場など）の中に存在する「オピニオン・リーダー」に伝達され、その後、そのオピニオン・リーダーから大衆に伝わるという過程をたどるというものです。オピニオン・リーダーとは、マス・メディア側の人間ではなく、日ごろから情報に通じている情報通のおばちゃん的な存在です。実はマス・メディアからの直接の情報よりも、このオピ

テレビのコメンテーターなどはオピニオン・リーダーではないということだよ。

ニオン・リーダーから伝わる情報の方が影響力があるいうことを指摘したのが「コミュニケーションの2段階の流れ」仮説です。マス・メディアからオピニオン・リーダー、オピニオン・リーダーから大衆、という感じで、情報伝達過程が2段階にわたることから、このように呼ばれると思っておきましょう。

　ほかにも、**J.T.クラッパー**のように、マス・メディアの効果は、人々の考えを「補強」することはあれど、「改変」するまでの効果はない、とした人もいます。これはつまり、既に持っている考えを強化することはあるけれど、その考えを変えさせるまでの効果はない、ということです。このように、マス・メディアの効果を一般化しました。

③ 新強力効果論

　新強力効果論は、1960年代のテレビの普及によって、マス・メディアには今までとは異なる強力な効果があると考える立場です。

　まず、**M.マコームズ**と**D.ショー**は、選挙時の調査から、マス・メディアは、現実に生起する出来事の中から何を報じ、何を報じないのか、また、何をどの程度大きく扱うかという判断を通じて、受け手である人々の注意を特定の争点へと焦点化

「コミュニケーションの2段階の流れ」仮説は、E.カッツと一緒に提唱したよ。ラザースフェルドの著書『ピープルズ・チョイス』は有名だね。

するとし、これを「議題設定機能」と呼びました。つまり、マス・メディアは選挙時の争点を決定する機能を有するというわけですね。

次に、**E.ノエル＝ノイマン**は、マス・メディアの発信する情報は、人々の意見が多数派であるか少数派であるかを判断する基準となっているとして、自分の意見が多数派であると認識すると積極的に意見を表

E. ノエル＝ノイマン

明し、少数派であると認識すると孤立を恐れて段階的に沈黙するようになっていくとする「沈黙の螺旋」仮説を提唱しました。多数派はますます勢いを増して意見表明をし、反面少数派はどんどんサイレント・マイノリティー化するというロジックは、非常に分かりやすいのではないでしょうか。

ん〜、ボクもYouTubeを始めようかなぁ。インフルエンサーになれるかも！

PLAY&TRY

1. 日常生活における人々のコミュニケーションのあり方は双方向であり、マス・コミュニケーションにおいても、必ずコミュニケーションの双方向性が存在する。

【特別区H26】

2. マス・コミュニケーションにおいては、必ずコミュニケーションの双方向性が存在する。

【特別区R1】

3. マス・コミュニケーションにおいては、コミュニケーションの送り手と受け手の役割が流動的であるので、送り手と受け手の間の役割交換の可能性は高い。

【特別区H26】

4. マス・コミュニケーションにおいては、送り手と受け手の役割が固定化されており、単数あるいは少数である送り手が、特定の受け手に向けて情報を伝達する。

【特別区R1】

5. マス・コミュニケーションにおいては、単数又は少数の送り手が、特定の受け手に対してコミュニケーションを送るが、コミュニケーションの受け手は少数の場合と多数の場合がある。

【特別区H26】

6. マス・コミュニケーションにおいては、コミュニケーションの送り手は個人ではなく、専門的な特定の組織である。

【特別区H26】

1. ✕
コミュニケーションの双方向性が存在しないことも多い。

2. ✕
必ずしも双方向性が存在するとは限らない。

3. ✕
送り手と受け手の役割が固定的であるのが通常なので、送り手と受け手の間の役割交換の可能性が低い。

4. ✕
不特定の受け手に情報を伝達する。

5. ✕
単数又は少数の送り手が、不特定多数の受け手にコミュニケーションを送るのが一般的である。

6. ○
そのとおり。
一般的には本肢は正しいが、インターネットの発達により、送り手が個人となることもある。

7. マス・コミュニケーション過程では、受け手が多数の場合には、コミュニケーションの送り手の側に高度な機械技術装置が組み込まれているが、受け手が少数の場合には、高度な機械技術装置は必要ない。

【特別区 H26】

8. マス・コミュニケーションの送り手は、専門的な組織集団を構成することはなく、コミュニケーション活動として機械的手段を用いる。

【特別区 R1】

9. 麻酔的逆機能とは、マス・メディアの好意的な脚光を浴びる人物、集団、事件、問題が、マス・コミュニケーションの受け手によって、社会的な意義や重要性に乏しく、価値が低いものとみなされることをいう。

【国家一般職 H27】

10. 皮下注射モデルとは、マス・コミュニケーションが、その受け手に対してあたかも注射器でメッセージを注入するように、時間をかけて徐々に影響を与えることによって、結果的に多様な考えに対する免疫をもたらすことをいう。

【国家一般職 H27】

11. J.クラッパーは、マスメディアの限定効果説を否定し、情報の送り手であるマスメディアが意図したとおりのメッセージが、情報の受け手に直接的に伝わるとする「皮下注射モデル」を提示し、マスメディアが発信する情報は、個人に対して、強力な影響力を持つとした。

【国家一般職 R1】

7. ✕
高度な機械技術装置が必要となるか否かは、受け手の数によって決まるのではない。

8. ✕
「マスコミ」と呼ばれるのは、大体が新聞社やテレビ局などの専門的な組織集団である。

9. ✕
麻酔的逆機能とは、マス・メディアからの大量の情報により、社会的関心への喪失が引き起こされるという機能である。

10. ✕
皮下注射モデルは、マス・コミュニケーションの影響が即時的にあらわれるという強力効果論である。「時間をかけて徐々に」との記述が誤り。

11. ✕
J.クラッパーは、マスメディアの限定効果説（限定効果論）を肯定したので、「皮下注射モデル」を提示したわけではない。

マス・メディア

12. W.リップマンは、現実環境はあまりに複雑であるため、人々はテレビが提供する情報を通じてしか現実環境を把握できなくなっていると指摘し、自然発生的な現実の出来事ではなく、マスメディアによって人為的につくられた偽物の出来事を「疑似イベント」と名付けた。

【国家一般職R1】

13. 限定効果モデルとは、マス・コミュニケーションの効果において、それぞれの受け手が既存の関心、知識、態度等の先有傾向に見合った内容を選択的に受容していることをいい、弾丸理論とも呼ばれる。

【特別区R1】

14. コミュニケーションの二段の流れとは、マス・コミュニケーションの影響は受け手に直接及ぶのではなく、受け手内部のオピニオン・リーダーを介して個々人に影響を与えるとする仮説である。

【特別区R1】

15. コミュニケーションの二段の流れとは、マス・コミュニケーションの影響が、マス・メディアから受け手の所属する第一次集団のオピニオン・リーダーに達し、次いでそのオピニオン・リーダーを媒介としてフォロワーへと広がっていくという仮説である。

【国家一般職H27】

12. ×
「疑似イベント」と名付けたのは、D.J.ブーアスティンである。

13. ×
弾丸理論は皮下注射モデルとも呼ばれる強力効果論である。

14. ○
そのとおり。
ラザースフェルドは超頻出だ。

15. ○
そのとおり。
ラザースフェルドの学説である。

16. M.E. マコームズとD.L. ショーは、選挙時の調査から、マスメディアは、現実に生起する出来事の中から何を報じ、何を報じないか、また、何をどの程度大きく扱うかという判断を通じて、受け手である人々の注意を特定の争点へと焦点化するとし、これを「議題設定機能」と名付けた。

【国家一般職R1】

17. E. カッツとP.F. ラザースフェルドは、マスメディアが発信する情報は、人々の意見が多数派であるか少数派であるかを判断する基準となっているとし、自分の意見が多数派であると認識すると積極的に意見を表明し、少数派であると認識すると孤立を恐れて段階的に沈黙するようになっていくとする「沈黙の螺旋」仮説を提唱した。

【国家一般職R1】

18. バンドワゴン効果とは、楽隊による直接的な宣伝手法が大きな効力を発揮することから命名された概念であり、選挙において選挙公報や政見放送など各種メディアを通したアピールよりも、街頭や小規模集会での演説の方が効果的であることを指す。

【国家一般職H27】

19. アンダードッグ効果とは、選挙時の事前のマス・メディアによる報道において優勢だと予測された候補者に対して人々が一層好意を寄せることによって、その候補者の得票がさらに伸びていくことをいう。

【国家一般職H27】

16. ○
そのとおり。
いわゆる「議題設定機能」仮説である。

17. ×
E. ノエル＝ノイマンの誤りである。

18. ×
バンドワゴン効果とは、マス・メディアの報道によって勝ち馬（多数派）に乗ろうとする人々が増えるという効果である。有利と予測された候補者の得票が伸びていくことをいう。

19. ×
本肢はバンドワゴン効果に関する説明である。アンダードッグ効果は、不利と予測された候補者の得票が伸びていくことをいう。

構造＝機能主義

構造＝機能主義は理解するのがとても難しいので、深入りは禁物です。表面的な理解で試験的にはOKです。パーソンズとマートンだけは覚えておきましょう。

構造＝機能主義の学者

1 T.パーソンズの「AGIL図式」

T.パーソンズは、構造＝機能主義を提唱した人物です。構造＝機能主義とは、第二次世界大戦後の世界における社会学で主流となった理論で、社会を構造と機能という2つの側面から分析していくものです。パーソンズは、現行のシ

AGIL図式は難しいよね。受験生の皆さん、理解できるかな？

T. パーソンズ

ステムの構造を維持させたり変動させたりするために機能が作用するとして、構造と機能の関係を相補的としました。そして、彼は、行為システムが直面する問題を4つの体系に区分して、社会システムの機能要件を分析するためにAGIL図式を提唱しました。これは、まず機能要件をA、G、I、Lの4つに分け、この4つの機能要件に応じて、システムがさらに4つの下位システムに分化していくというものです。試験的には、この機能要件がどのようなものを指すのかを押さえることが重要です。

第一に、機能要件のA（adaptation）は適応を意味し、外部的・手段的な機能要件です。外部の状況に適応し、資源を調達する役目を果たすので「経済」がこれにあたります。

第二に、機能要件のG（goal attainment）は目標達成を意味し、外部的・目的的な機能要件です。政治がこれにあたると言われています。

第三に、I（integration）は統合を意味し、内部的・目的的な機能要件です。こ

Teramoto's Trivia

AGIL図式は時計回りに読むよ。R.F.ベールズと一緒になってあみ出した図式だよ。

れは社会を統制する役目を果たすので法律、道徳、慣習がこれにあたります。

　第四に、L（latency）は潜在性を意味し、内部的・手段的な機能要件です。正確には潜在的パターン維持および緊張の処理といい、家族、教育、文化がこれにあたります。まとめると次の図のようになります。

AGIL 図式

		手段的		目的的
外部的	A	適応（経済）	G	目標達成（政治）
内部的	L	潜在的パターン維持および緊張の処理（家族・教育・文化）	I	統合（法律・道徳・慣習）

2 R.K.マートンの「中範囲の理論」

　R.K.マートンは、パーソンズとともに、20世紀を代表する有名なアメリカの学者ですが、パーソンズのAGIL図式には疑問を持っていたようです。やはり一般理論という側面が強すぎて、全てをこの一般理論で説明するのは無理だろうと思ったわけです。そこでマートンは、日々の調査の中で展開される作業仮説（経験的調査）と、マクロレベルの一般理論（一般的な理論）をつなぐ、あるいは統合する理論として、「中範囲の理論」なるものを提唱しました。彼の功績はパーソンズの弟子として機能分析を精緻化した点、すなわち機能主義を確立した点にあると言えます。

> 中範囲理論の例はたくさんあるけど、準拠集団論や役割葛藤などが有名だ。また、彼は、個人が加わりたいと望んでいる学校や会社などの社会組織の価値や規範、慣習を前もって学習して内面化することを「予期的社会化」（期待的社会化）と呼んだよ。先取りの学習のことだね。みんながやっている公務員試験の勉強もそうだよね。

中範囲の理論

作業仮説　　　　　　　　つなぐ　　　　　　　マクロレベルの一般理論
（経験的調査）　- -　（一般的な理論）
　　　　　　　　　　　　　↓
　　　　　　　　　「中範囲の理論」

マートンの機能分析としては、顕在的機能と潜在的機能の区別があります。社会体系の参与者によって意図されず認知されない結果を「潜在的機能」といい、一方、意図され認知された結果を「顕在的機能」といいます。これは客観と主観が一致するパターンと思っておきましょう。例えば、サッカーをするのは試合に勝つためという認識された目標のためですよね。この目標は顕在的機能でしょう。ただ、実はサッカーをすることによって、集団の団結力が高まることもあります。これは、メンバーに積極的には認識されていないので、潜在的機能と言えると思います。極論ですが、こんなイメージを持っておけば十分です。ちなみに、マートンは、ホピ族の雨乞いの儀式が、干ばつという危機的な事態の中で集団の連帯を強化するというプラスの効果を持つこと指摘し、これを潜在的機能の例としました。また、「順機能」と「逆機能」もマートンの機能分析です。社会の存続に対して望ましい結果をもたらす機能を順機能に、逆に社会の存続に対して望ましくない結果をもたらす機能を逆機能に位置付けました。官僚制のところで、「訓練された無能力」という言葉を勉強しましたが、これは逆機能の具体例です（官僚制の逆機能）。この逆機能に着目した点に、マートンの特徴が見られます。

　なお、彼は「予言の自己成就」（自己成就的予言）という概念も提唱しています。これは、ある予言をすることで、その予言に対する反対行動が引き起こされる結果、その予言が現実のものとなってしまうことを意味します。銀行の取り付け騒ぎのようなケースがこれにあたります。銀行が破綻すると予言すると、取り付け騒ぎという反対行動が引き起こされ、結果的に本当に銀行が破綻してしまうようなケースですね。

3　A.ギデンズの「構造化理論」

　A.ギデンズは、『社会理論の最前線』の中で、構造化理論を提唱した学者です。構造とは、社会システムを再生産するために個人が依拠している規則・資源のことを指します。そして、行為や相互行為はこの構造を条件として成立するのですが、同時に構造は行為や相互行為によって再生産されると言います。彼はこの事態を構造の二重性と呼びました。例えば、人が会話（行為や相互行為）できるのは、自分と相手との間に

規則とは、普段用いられるときは自覚、意識されない暗黙の存在なんだ。一方、資源は、財産のほか、地位や権威などのことを指すよ。構造に関する知識は必ずしも十分に持ち合わせていなくても大丈夫としているね。

実はギデンズは、かつてイギリス労働党のブレア政権を支えたブレーンだよ。新しい社会民主主義を目指す「第三の道」を提唱したんだ。

文法や語彙という規則・資源（構造）が共有されているからです。そして、文法や語彙は、会話を可能とする条件であり、会話が行われるからこそ、その文法や語彙は再生産されていく（つまり変化していく）というわけです。

４ N.ルーマンの「複雑性の縮減」

　私たちが普段行う相互行為では、自分の振舞いに対して相手がどのような反応を示すかは必ずしも明らかではありません。しかし、それは相手にとっても同じことで、こちらの反応を必ずしも知ることができません。このように互いが互いの反応を知りえない不確定な状況を**N.ルーマン**は「二重の依存性」（ダブル・コンティンジェンシー）と呼びました。

なお、「ダブル・コンティンジェンシー」という言葉自体を用い始めたのはパーソンズだよ。自己と他者の選択がいずれも相手の選択に依存するということだ。

　そして、この二重の依存性による不確定な状況を少しでも縮減するためには、ルールを作り、このような相互不確定による複雑性を縮減することで、秩序を与えながら私たちの相互行為をやりやすくしていく必要があります。つまり、法の構造化によって複雑性は縮減するので、安定した社会秩序を実現することができるとしました。

法の構造化で複雑性をとり払おう！

N. ルーマン

　また、彼は、社会システムを自己生産的なものと考えました。このことを「オートポイエーシス」という言葉で表現しています。彼が社会学の世界にこの言葉を初めて導入したと言われています。つまり、社会システム自体は、自己再帰することによって維持し続けていくことができるというわけです。

1. パーソンズは、社会は、社会成員の没個性的な類似による結合である機械的連帯から、社会成員の個性的な差異を基礎とした分業の発達によって生ずる結合である有機的連帯へと進化するとした。

【特別区H26】

2. パーソンズは、行為システムが直面する問題を四つの体系に区分して、適応、目標達成、統合、潜在的なパターンの維持及び緊張の処理を機能要件として示し、AGIL図式を定式化した。

【特別区H22】

3. パーソンズは、AGIL図式により、社会システムが維持・存続するためには、適応、目標達成、統合、潜在的パターンの維持及び緊張の処理という4つの機能要件が満たされなければならないとした。

【特別区H26】

4. 構造＝機能主義を代表する社会学者T.パーソンズは、システムが均衡し存続するために充足しなければならない要件として、A（適応）、G（目標達成）、I（統合）、L（潜在的パターンの維持）の四つを挙げ、システムを分析するための概念用具としてAGIL図式を示した。

【国家一般職H28】

1. ×
デュルケームの誤り。

2. ○
そのとおり。
AGIL図式の説明として正しい。

3. ○
そのとおり。
AGILの説明として正しい。

4. ○
そのとおり。
AGILの説明として正しい。

5. R.K.マートンは、AGIL図式を提唱し、システム
が維持されるためにはA（適応）、G（目標達成）、
I（統合）、L（潜在的パターンの維持及び緊張の処
理）という四つの機能要件を満たす必要があり、
それぞれを全体システムの下位に位置するサブ・
システムが担うとした。

【国家一般職R1改題】

6. パーソンズは、経験的調査と一般的な理論との
有効な結合として中範囲の理論を提唱し、全体
社会システムの諸部分を構成する個々の社会現
象を分析すべきであるとした。

【特別区H26】

7. パーソンズは、全体社会に関する一般理論の構
成を時期尚早とみなして反対し、これに到達す
る中間段階において、調査と理論を結ぶ中範囲
の理論を構成するのが最も理想的であると主張
した。

【特別区H22】

8. 中範囲の理論とは、社会現象を分析するために
自分自身の価値観と社会一般の価値観との共通
点と相違点を反省的に自覚し、両者の適切なバ
ランスを維持しながら価値中立的な立場を目指
す理論のことである。

【国家一般職R1】

9. パーソンズは、社会体系の参与者によって意図
され認知された結果である顕在的機能と、これ
に対して、意図されず認知されない結果である
潜在的機能との区別を明らかにした。

【特別区H26】

5. ×
パーソンズの誤り。

6. ×
マートンの誤り。

7. ×
マートンの誤り。

8. ×
中範囲の理論とは、経験
的調査と一般的な理論と
を結合させる理論である。

9. ×
マートンの誤り。

10. R.K.マートンは、社会の存続に対して望ましい結果をもたらす機能を顕在的機能に、逆に社会の存続に対して望ましくない結果をもたらす機能を潜在的機能に区別した。その上で彼は、機能主義の問題点を指摘し、構造＝機能主義を否定した。

【国家一般職H28】

11. R.K.マートンの予期的社会化（期待的社会化）とは、将来所属したいと思っている集団の価値や態度を所属する以前に学習することであり、それによって実際に集団に属する可能性が高まったり、所属後の集団への適応がスムーズになったりするとした。

【国家一般職R1改題】

12. R.K.マートンは、社会システムへの適応や調整を促進する作用を顕在的機能と呼び、ホピ族の雨乞いの儀式が干ばつという危機的な事態の中で集団の連帯を強化するというプラスの効果を持つことからその機能を顕在的機能とした。

【国家一般職R1改題】

13. G.H.ミードは、二者間の相互行為において、自己と他者の選択がいずれも相手の選択に依存する、ダブル・コンティンジェンシーの状態における自己に対しての相手方のことを「一般化された他者」と呼んだ。

【国税専門官H29改題】

10. ×
社会の存続に対して望ましい結果をもたらす機能を順機能に、逆に社会の存続に対して望ましくない結果をもたらす機能を逆機能に区別した。また、機能主義の立場に立っていたため、構造＝機能主義を否定したという点も誤り。

11. ○
そのとおり。
予期的社会化（期待的社会化）の意味を理解しておこう。

12. ×
ホピ族の例は、潜在的機能の例である。

13. ×
ダブル・コンティンジェンシーは、パーソンズが提唱した概念である。

14. N. ルーマンは、複雑性の増大を基本概念とした社会システム論を考え、システムは環境よりも常に複雑でなければならないとした。また彼は、法の構造化によって複雑性が増大するが、そのことで人々の選択が制限され、社会秩序が実現すると主張した。

【国家一般職 H28】

14. ×
法の構造化によって複雑性が縮減するとした。

抽象度が高くてわかりづらいけど、キーワードに反応できれば何とかなりそうだ。

構造＝機能主義

社会的行為

難易度 ★★★
頻出度 ★★★

社会的行為では各学者が理論を提唱しているので、その主張を押さえていくことが大切です。量が少ないので出題されたら確実に1点ゲットしたいところです。

社会的行為の学者

① M.ウェーバーの「社会的行為の4類型」

M.ウェーバーは、政治学では「支配の3類型」（伝統的支配、カリスマ的支配、合法的支配）で有名ですが、社会学では行為理論の人として有名です。彼は、行動は何かしらの理由があって行われるということに着目し、主観的な意味付けのなされた行動を行為と捉えました。行為者の主観的な意味付けから、行為を理解しようとしたのです（これを「理解社会学」といい、13章で後述）。そして、社会の中で行われる社会的行為を社会学の分析対象とし、社会的行為を4つに類型化しました。理念型ではありますが、試験では問われるのでしっかりと押さえていきましょう。ポイントは、「価値合理的行為」と「目的合理的行為」を逆に覚えないことです。

近代官僚制を合法的支配の典型だとしたんだ。また、彼は、『プロテスタンティズムの倫理と資本主義の精神』の中で、キリスト教プロテスタント（カルヴァン派）の予定説に基づく禁欲的な生活態度が資本主義の精神の醸成につながっていると指摘したよ。

典型モデルのことで、現実の行為がすべて4つに当てはまるとは限らないよ。

Teramoto's Trivia

『プロテスタンティズムの倫理と資本主義の精神』はとても長いので「プロ倫」と略して呼ばれているよ。カルヴァン派と近代資本主義の関係性に着目したんだ。ルター派じゃない点に注意ね。

社会的行為の４類型

価値合理的行為	行為自体に内在する価値に基づいて行われる行為。 楽しいから勉強する。 楽しいから野球の練習をする。 おもしろいからスノボをマスターする。
目的合理的行為	目標を達成するための手段として行われる行為。 試験に合格するために勉強する。 試合に勝つために野球の練習をする。 女の子にもてるためにスノボをマスターする。
感情的（情緒的）行為	一時的な感情に基づいて行われる行為で、特に目的などはない。非合理的な側面が強い。 腹が立ったから怒る。
伝統的行為	慣習化、儀礼化した行為のこと。非合理的な側面が強い。 1月1日に初詣に行く。 結婚式を行う。

② T.パーソンズの「主意主義的行為理論」

　T.パーソンズは、ウェーバーの考えを継承して、社会的行為における個人の能動性や主体性に着目し、独自の理論を打ち立てました。これが「主意主義的行為理論」と呼ばれるものです。社会的行為を単なる条件への受動的適応と考えるのではなく、「共通価値」（道徳的な規範や社会の究極的目的）の実現をめざす人間の能動的・主体的な意志や努力であると考えました。肢を判断する際には「受動的→×、能動的・主体的→〇」と考えましょう。そのうえでパーソンズは、社会的行為の構成要素として目的、手段、条件、規範の４つを挙げました。人が好き勝手に目的を追求するべく動いても社会秩序が崩壊しないのは、このうち規範が合理的に配分されているからだとしていますね。

③ J.ハーバーマスの社会的行為理論

　J.ハーバーマスは、ウェーバーから始まった行為理論を批判的に継承し、再構築した人物です。彼は、目的や成果で測られる道具的・戦略的行為に基づく合理性を

批判し、相互の合意形成を目指すコミュニケーション的行為に基づく合理性を提唱しました。ここで重要なのが、「コミュニケーション的行為」です。これは言語を用いた対人的な行為で、理想的な発話状態の下で相互了解を目指して対話を繰り広げていくものです。彼は、このコミュニケーション的行為の重要性を指摘しました。

このコミュニケーション的行為は生活世界でコミュニケーションを実践している人にはすべて備わる性質のものであるため、エリートだけではなく大衆にも可能なんだ。

また、戦略的行為とコミュニケーション的行為は、本来行われる場所が異なるとしました。具体的には、戦略的行為は、「システム（経済システムや国家行政システム）」で行われ、コミュニケーション的行為は通常の「生活世界」で行われると言います。しかし、現代においては、至る所でシステム化が進んでしまっていて、戦略的行為の領域が拡大していると指摘し、これを「生活世界の植民地化」と呼び、問題視しました。

さらに、彼は国家による支配や統制に対抗し、市民の自由な言論による世論形成の場として機能する領域を「市民的公共圏」と呼びました。

生活世界の植民地化

システム＝戦略的行為

↓ 拡大侵食

生活世界＝コミュニケーション行為

システムによる生活世界の侵食現象＝「生活世界の植民地化」だね。

Teramoto's Trivia 「市民的公共圏」の起源は、17世紀後半のイギリスに現れたコーヒー・ハウスだよ。

PLAY&TRY

1. M.ウェーバーは、行為者の主観的な動機の内容に即して、感情的、伝統的、カリスマ的、目的合理的の4つに行為類型を整理した。
   【国家一般職H21改題】

2. M.ウェーバーは、行為を主観的な意味付けで理解しようとして、社会的行為を、目的合理的行為、価値合理的行為、感情的行為、伝統的行為の4つに類型化した。
   【国税専門官H18改題】

3. M.ウェーバーによると、目的合理的行為とは、他者の行動にある予想を抱き、その予想を自己の目的を達成するために利用する行為である。
   【国家一般職H15改題】

4. M.ウェーバーは、社会的行為を、目的合理的行為、価値合理的行為、伝統的行為の三つに分類した。そして彼は、人間が様々な欲望に駆られて目的合理的行為がなされた結果、近代の資本主義社会が発展していったとした。
   【国家一般職H29改題】

5. M.ウェーバーは、『プロテスタンティズムの倫理と資本主義の精神』において、プロテスタンティズムの享楽的な生活態度は、特にルター派において典型的な形で現れており、それが近代資本主義の精神の形成に影響を与えたとした。
   【国税専門官H30】

1. ×
カリスマ的は「価値合理的」の誤り。

2. ○
そのとおり。
ウェーバーの理解社会学および行為類型として正しい。

3. ○
そのとおり。
難しい言い回しになっているが正解肢。

4. ×
感情的行為が抜け落ちている。また、プロテスタント（カルヴァン派）の宗教的な価値合理的行為が、近代の資本主義社会の発展に貢献したとした。

5. ×
「享楽的」は「禁欲的」、「ルター派」は「カルヴァン派」である。

6. T.パーソンズは、M.ウェーバーの考え方を批判して、行為の客観的基盤としての社会経済的な構造分析を行い、行為者の意志を度外視した主意主義的行為理論を提唱した。

【国家一般職H21改題】

7. T.パーソンズは、社会的行為の構成要素を目的、手段、条件、規範とし、このうち手段が合理的に配分されているために、人々が自由に目的を追求しても社会秩序が崩壊に至らないとした。

【国家一般職H16改題】

8. J.ハーバーマスは、行為者相互の言語的了解に基づく「コミュニケーション合理性」を批判し、目的や成果によって測られる「道具的合理性」という概念を新たに提起した。

【国税専門官H18改題】

9. J.ハーバーマスは、『エスノメソドロジー』などを著した。そして、彼は、M.ウェーバーによるコミュニケーション的行為に関する理論を批判し、目的合理的行為、宗教的行為などの四つの行為の類型を示した。

【国税専門官H28】

---

6. ×
ウェーバーの考え方を批判したわけではない。また、主意主義的行為理論は、「共通価値」の実現をめざす人間の能動的な意志や努力を社会行為であると考えた。

7. ×
手段ではなく、「規範」が作用するため、社会秩序は崩壊に至らないとした。

8. ×
因果が逆である。「道具的合理性」を批判し、「コミュニケーション合理性」を提起した。

9. ×
『エスノメソドロジー』は、ガーフィンケルの著書。ハーバーマスは、ウェーバーの行為論を継承して、コミュニケーション的行為を含む行為類型を提示した。

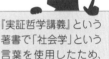

13 社会学史

難易度 ★ ★ ★

頻出度 ★ ★ ★

社会学史は頻出テーマですが、多くの学者が出てくるので結構覚えるのが大変です。今までに一度登場した人物も出てくるので、効率的にポイントを押さえましょう。

1 社会学史（古典）

1 A. コントの「実証主義」

社会学の父こと**A. コント**は、社会変動論のところで一度学びましたが、社会学史の流れの中でも出題されることがあります。彼は、社会学の学問的な世界でも自然法則と観察を重視しなければならないとして「実証主義」を提唱しました。これはある意味、神のような超経験的な存在を認めない立場と言ってもいいでしょう。経験的事実のみを信じる立場と考えると、わかりやすいと思います。

『実証哲学講義』という著書で「社会学」という言葉を使用したため、こう呼ばれているんだ。

そのうえで、彼は社会学を社会静学と社会動学とに分け、「秩序」の探求を社会静学とし、「進歩」の探求を社会動学としました。4章で勉強した「3段階の法則」は社会動学に位置付けられますので、覚えておきましょう。

2 H. スペンサーの「社会進化論」

H. スペンサーは、イギリスの社会学の創始者とされている人物ですが、出自がなかなか面白く、鉄道技師や雑誌記者などを経て学者になったようです。彼の主張は「社会進化論」というものでした。生物の世界で適者生存の原理が妥当するように、社会も単純で同質的な社会から、複雑で異質的な社会へ変化するということを言いました。これを「軍事型社会から産業型社会へ」と表現したのですよね（4章）。

なお、コントとスペンサーはともに「社会有機体説」をベースにしていて、社会

学を、政治や経済、哲学、思想などをすべて包括する学問と位置付けました。これを「総合社会学」と呼びます。全部パックになっている学問なのだから、ほかの学問と比べて優位しているのだ、と言いたかったのでしょう。しかし、これは裏を返せば専門性がないということになります。また、単なる寄せ集めの百科事典のような学問のようにも映ります……。そんなこんなで「総合社会学」は後々、ジンメルやウェーバーらによって批判されてしまいます。

③ G. ジンメルの「形式社会学」

G. ジンメルは、コントとスペンサーの総合社会学を批判した人物です。社会学も固有の研究領域を確立し、科学性を持たせないとダメだ、と考えて、社会のあらゆる領域で展開される人々の心的相互作用の形式を研究する方法を編

形式を扱うので、内容は扱いません。ゴメンネー。

G. ジンメル

み出しました。心的相互作用とは、個々人が相互に影響を及ぼし合うことを意味します。社会は個人と個人のつながりで成り立っているわけで、そうであれば、そこで繰り広げられるミクロレベルの心的相互作用の形を分析しないと、社会を捉えることはできないと考えたわけです。ですから、ジンメル的に言うと、社会学は個人間の心的相互作用の形式（社会化の形式）を研究する学問であるということになりますね。「形式」を分析するので、「形式社会学」と呼ばれています。具体的には、支配と服従（上位と下位）、闘争と競争、模倣と分業などの行動形式をミクロ的視点から分析しました。

彼は闘争をポジティブにとらえた。闘争が互いの緊張緩和を生み、一定の秩序を生み出すという（闘争理論）。

もっとも、社会化の「内容」については社会学の対象と考えていなかったという点には注意してください。彼は、社会化の形式を経済や宗教などの社会化の内容から区別することで、社会学を他の社会諸科学（政治学や経済学、法学など）から区別された特殊な専門科学として樹立することができると主張し、『社会学』などを著しました。

だから、試験的には社会化の形式と内容の両方を扱った、的な肢はすべて×だよ。

また、ジンメルは、近代化に伴う社会的分化が「社会圏の交錯（交差）」を生むとしました。社会圏とは、相互作用の結果つくられる範囲のことです。近代化の過程

Teramoto's Trivia

社会学＝「内容」は見ずに、「形式」を研究対象とする社会学だと思っておこう。

で、個人は複数の集団に帰属することが多くなりました。そうすると社会圏が相互に重なり合いを持つようになります。これが社会圏の交錯（交差）です。そして、この社会圏の交錯が生じると、人々は自律的になり、そこに個性が生まれると言います。結構難しい議論なので、とりあえず、人はいろいろな集団に属することで個性的になれる、というイメージを持っておくといいでしょう。試験的には、深入りは禁物です。

4 M.ウェーバーの「理解社会学」

　M.ウェーバーは、社会が個々の行為の積み重ねで変化してくことに着目しました。それゆえ、個人の内面に着目して行為の意味を理解することが重要だと説きます。人間の行為とその結果との間には因果関係があり、それを行為の「動機」などの意味を理解することにより解明しようとしたわけです。このようなウェーバーの社会学を「理解社会学」と呼びます。そして、ウェーバーは、行為に潜む個人の主観的意味に着目したので、この立場を「方法論的個人主義」と呼ぶことがあります。

動機は無意識的な場合もあれば、錯覚的な場合もあるよ。

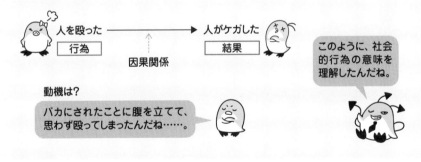

理解社会学

また、ウェーバーは、社会学における研究は、主観を持ちながらも、それにとらわれることなく、行為や社会を「客観的」に観察しなければならないので、とても難しいとしています。そこで、まずは自分が持っている価値観を自覚することで「客観性」を担保しようとしました。これを「価値自由」といいます。

5 E. デュルケームの「社会的事実」

E. デュルケームは、社会現象を個人の心理的な側面から説明する心理学的社会学を批判し、社会現象を個人の心理に還元することをせずに、個人に外在するもの、つまり外側から個人を拘束する「事実」として捉えました。このような社会現象としての事実（個人に外在して個人に拘束を及ぼす様式）を「社会的事実」と呼んでいます。社会的事実には様々なものが含まれると思いますが、例えば、法や道徳、宗教、制度などがありますね。デュルケームは、この「社会的事実」こそが社会学の研究対象となるにふさわしいとして、これを「物のように」考察するべきだと主張しました。主観を入れないで客観的に解釈しなさい、ということですね。この立場を「社会学主義」といいます。

彼は、社会的事実は個人的事実を構成要素とはしているが、「社会的事実はあくまでも社会的事実によって説明されなければならない」とする立場に立っている。これを「方法論的集団主義」と呼ぶよ。社会はそれを構成する個人の総和以上の独特な存在であるということだ。だから個人にはあまり着目しないんだよね。

社会学主義

社会的事実 ← 客観的に考察「物のように」

6 K. マンハイムの「相関主義」

K. マンハイムは、その著書『イデオロギーとユートピア』において、自分の立場は、イデオロギー間の優劣を認めない「相対主義」ではなく、イデオロギーとの相関で真理に近づけようとする「相関主義」であるとしました。そして、人間の知識は、その置かれた歴史的・社会的条件に拘束されているという「存在被拘束性」という概念を用いて「知識社会学」を確立しました。

その担い手として期待したのが、特定の存在位置に拘束されない自由人、すなわちインテリゲンチャ（知識人）だ。

また、彼はイデオロギーを「部分的イデオロギー」「全体的イデオロギー」「特殊的イデオロギー」「普遍的イデオロギー」に分類し、マルクスの史的唯物論においてはじめて全体的イデオロギー概念が確立されたとしました。もっとも、全体的イデオロギー概念に立つ場合でも、自己の立場を絶対視し、相手のイデオロギー性のみを問題にするものである限り、それは特殊的イデオロギー概念にとどまるものだと述べています。そして、マンハイムは、マルクス主義を特殊的イデオロギーにとどまっていると批判し、普遍的イデオロギーにはなっていない、と指摘しました。まぁ、この人はとにかくマルクスが嫌いなのですね……。

2　社会学史（現代）

■ A. シュッツの「現象的社会学」

　A. シュッツは、『社会的世界の意味構成』を著し、ウェーバーの理解社会学と哲学者 E. フッサールの現象学を統合する形で、「現象学的社会学」を提唱しました。これは社会を、人々の主観的な意味づけによって絶

A. シュッツ

私の現象学的社会学は、いろいろな学者に影響を与えたんだ。スゴイだろ！当たり前のことを見直す姿勢は大切！

えず構築され続ける意味の世界として考えていく立場で、理解社会学に哲学的な基礎を与えました。なかなかメルヘンですよね。彼は、人々の社会的行為において皆が当たり前のこととしてスルーしてしまっている現実の世界（生活世界）に光をあて、そのような生活世界の構造を解明しようとしました。彼の現象学的社会学は、後述するH. ガーフィンケルのエスノメソドロジーをはじめとする意味をテーマとする社会学に影響を与えたとされています。そして、彼の考えはP.L. バーガーとT. ルックマンに引き継がれていくことになります。

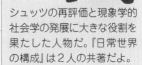

シュッツの再評価と現象学的社会学の発展に大きな役割を果たした人物。『日常世界の構成』は2人の共著だよ。

■ H.G. ブルーマーの「シンボリック相互作用論」

　H.G. ブルーマーは、『シンボリック相互作用論』を著し、その名の通り、「シンボリック相互作用論」を提唱しました。象徴的相互作用論と呼んでも構いません。

これは、社会を言葉などのシンボルを媒介とした人々の相互作用の過程とみる立場です。そして、これにより人間のあり方を解明しようとしました。言葉という道具（ツール）を用いて行われるコミュニケーションに着目し、その内容を解釈する中で、人々が意味を再構成していく過程を分析する手法を用いました。

3 E. ゴフマンの「ドラマトゥルギー」

　E. ゴフマンは、『行為と演技』を著し、人々が相互行為で様々な印象操作を行っていることを指摘しました。対面的な相互行為の場面における行為者を、あたかも演劇における演技者（パフォーマー）あるいは観客（オーディエンス）

ドラマトゥルギーで印象を操作するのだ！

E. ゴフマン

と見立てて、パフォーマーがオーディエンスを意識する過程を分析しました。このように人の行為を演劇と捉える考え方（演劇論）を「ドラマトゥルギー」と呼びます。彼によると、他者が自分にいだくイメージを壊さないことが、他者にとっても自分にとっても重要であるようです。

　また、彼は「儀礼的無関心」という概念を提唱し、赤の他人との相互作用のあり方を説明しました。これは例えば、電車内やレストラン、ホテルのラウンジなどで、たまたま見ず知らずの人と空間を共にする際、その人を必要以上に敵視したり、逆になれなれしく話しかけたりはしないでしょう。ただ、これは相互に関心がないからというわけではなく、儀礼的無関心が働いているからだとします。つまり、ゴフマンは「儀礼的無関心」を一種の暗黙のマナーのように考えていたのだと思います。

4 H. ガーフィンケルの「エスノメソドロジー」

　H. ガーフィンケルは、「エスノメソドロジー」を提唱した人物です（著書も『エスノメソドロジー』）。エスノメソドロジーとは、一般の人々が日常において秩序を維持するために駆使している様々な方法（会話などの日常的な行為）を意味し、これを研究対象としました。彼は、人々

ちなみに、ガーフィンケルはパーソンズの弟子だよ。でもパーソンズの構造＝機能主義には批判的で、むしろシュッツの現象学的社会学を継承したんだ。変わっているよね。

が相互行為の過程で社会的現実をいかにして作り出すのかを研究し、日常的な行為

Teramoto's Trivia

ブルーマーは、一時期、プロのフットボール選手だったんだよ。

やその遂行、さらにはそうした行為が遂行される文脈（会話のやり取りなど）に光を当てました。

日常生活における行為や発言の意味は、文脈によって決まります。この文脈依存性のことを「インデックス性」といいます。また、一度確定された意味は新たな意味を確定する作業にとって再び文脈を構成することになります。このような関係を「相互反映性」といいます。この2つはエスノメソドロジーの核となる用語で、彼は、この2つを肯定しました。

また、エスノメソドロジーの分析方法として、ガーフィンケルは違背実験なるものを考案しました。これは、暗黙の了解とされていること（背後期待）にわざと背くことで、その暗黙の了解の意味を知ることができるという実験です。例えば、何度も同じ質問を繰り返す行為は失礼だというのは自明の事柄ですが、あえてそれを行うことで、何度も繰り返し同じ質問をする行為が本当に失礼であることを確証するような手法です。簡単に言うと、非常識な行動をあえてとることで非常識とは何かが分かる、というようなイメージですね。

> なお、H.サックスは、ガーフィンケルの影響を受けて会話分析を創始したよ。違背実験と会話分析を入れ替えたひっかけに注意しよう。サックスは、自殺予防センターに寄せられた電話内容などを録音して、それを詳細に書き起こすことで、そのやり取り（文脈）に一定の秩序が成り立っていることを発見したんだ。

5 G.C.ホマンズの「社会的交換理論」

G.C.ホマンズは、小集団研究の一般理論化に貢献した人物です。集団における行動は複数の要素に分けられていて、これらの相互依存が社会体系を構成し、時の経過によってその社会体系が進化していくとしました。また、彼は人間の行動を報酬の関数と考えていたみたいです。そのうえで、社会的な行動を2人以上の人間の間に見られる、有形または無形の報酬を伴う交換（トレード）だと定義しました。これを「社会的交換理論」といいます。P.M.ブラウも、この社会的交換理論の提唱者ですね。

1. G.ジンメルは、複雑化する社会における個人の問題に関心をもち、社会実在論と社会名目論を共に排し、広義の社会を諸個人間の心的相互作用として捉えた。そしてこの形式の示す様式を社会化の形式と呼び、形式社会学を成立させた。

【国税専門官 H28改題】

2. G.ジンメルは、社会化の形式を経済、宗教などの社会化の内容から区別することなく研究し、社会学を他の社会諸科学と同様の専門科学として樹立することができると主張した。

【国税専門官 H28改題】

3. M.ウェーバーは、社会的事実は個人的事実を構成素材とするが、それを超えた独自の性格を持つ一つのシステムであるとした。「社会的事実は社会的事実によって説明されなければならない」とする彼の立場は、「方法論的集団主義」と呼ばれている。

【国家一般職 H29改題】

4. É.デュルケムは、集団規範の維持について検討した結果、集団規範に同調するよりも個人主義に依拠する方が、結果的に集団意識が強まり、社会の安定が図られるとし、「方法論的個人主義」の立場を採った。

【国税専門官 H29改題】

1. ○
そのとおり。ジンメルの形式社会学の記述として正しい。

2. ×
社会化の内容から区別して研究することで、社会学を他の社会諸科学から区分された特殊専門科学として樹立することができると主張し、『社会学』などを著した。

3. ×
本肢はデュルケームに関する説明である。

4. ×
デュルケームは「方法論的集団主義」を採った。

5. É.デュルケムは、法、道徳、慣習などの個人に対して外在し個人に拘束を及ぼす、行動、思考、感覚の諸様式を「社会的事実」と呼び、それは「物のように」考察されなければならないとした。

【国家一般職 H30改題】

6. マンハイムは、その著書「イデオロギーとユートピア」において、自分の立場は、相関主義ではなく、相対主義であるとし、存在拘束性の概念で知られる知識社会学を確立した。

【特別区 H24改題】

7. マンハイムは、マルクスの史的唯物論においてはじめて全体的イデオロギー概念が確立されたとしたが、全体的イデオロギー概念に立つ場合でも、自己の立場を絶対視し、相手のイデオロギー性のみを問題にするものである限り、普遍的イデオロギー概念にとどまるものであるとした。

【特別区 H24改題】

8. シュッツは、言葉を中心としたシンボルを媒介とした相互作用を分析し、この相互作用における内的な解釈の過程に着目して、人間のあり方を解明しようとした。

【オリジナル】

9. T.パーソンズは、象徴的（シンボリック）相互作用論を提唱し、貨幣・権力・影響力・価値コミットメントを、行為のコントロールを可能にする「象徴的に一般化されたメディア」とみなした上で、シンボルを媒介とする相互行為を分析した。

【国家一般職 H29】

---

5. ○
そのとおり。
社会学主義である。

6. ×
相対主義ではなく、相関主義であるとした。

7. ×
特殊的イデオロギー概念にとどまるものであるとした。

8. ×
ブルーマーの「シンボリック相互作用論」に関する説明である。

9. ×
象徴的（シンボリック）相互作用論はブルーマー。なお、パーソンズが、貨幣・権力・影響力・価値コミットメントを、行為のコントロールを可能にする「象徴的に一般化されたメディア」とみなした点は正しい。

13

社会学史

10. T.W.アドルノは、『シンボリック相互作用論』などを著した。また、彼は、20世紀末の地方都市に建設されたショッピングモールのことをパサージュと名付け、資本主義社会を分析する際の中心的な形象にパサージュを位置付けた。

（国税専門官 H28）

11. 現象学的社会学とは、20世紀に確立された現象学の知見・方法・態度を取り入れた社会学を意味する。A.シュッツは、『社会的世界の意味構成』において、M.ヴェーバーの理解社会学の問題点を指摘し、理解社会学に哲学的基礎を与えた。

【国家一般職 H29】

12. ブルーマーは、『社会的世界の意味構成』を著し、人々の社会的行為において自明とされる生活世界のメカニズムを明らかにしようとした。

【オリジナル】

13. G.H.ミードは、人の行為を演劇と捉えるドラマトゥルギーの考え方において、人は、その他者にとって魅力的な人間であることを示すために、印象操作によって自己を示そうとする傾向があるとした。

【国税専門官 H29改題】

14. E.ゴフマンは、社会構造を分析する方法として、演劇論（ドラマトゥルギー）的分析手法を取り入れた。彼は、社会を舞台としてこの手法を捉え、「全ての行為者はパフォーマーであり、パフォーマーが意識しなければならないオーディエンスなど存在しない」としている。

【国家一般職 H29】

15. ゴフマンは、「行為と演技」を著し、人間の日々の生活と行為を演劇と同じものと考え、行為者をパフォーマーもしくはオーディエンスとみなすドラマツルギーという手法を提起した。

【特別区 H30改題】

16. ゴフマンは、対面的相互行為では、行為者は相互行為を円滑にするために社会的状況を定義し、他者に了解可能な人間であることを示すために、視線のとり方をはじめとする印象操作によって自己を呈示するとした。

【特別区 H30改題】

17. エスノメソドロジーでは、J.ハーバーマスを創始者とする社会学の理論的立場である。エスノメソドロジーでは、一般の人々が日常において秩序を維持するために駆使している様々な方法は研究の対象とされず、自然科学的な立場や手法が重要視されている。

【国家一般職 H29】

15. ○
そのとおり。
ゴフマンのドラマツルギー（ドラマトゥルギー）に関する説明として正しい。

16. ○
そのとおり。
印象操作についてもこのように問われるので押さえておこう。

17. ×
エスノメソドロジーは、ガーフィンケルを創始者とする。また、一般の人々が日常において秩序を維持するために駆使している様々な方法を研究の対象とする。

14

現代社会

難易度 ★★★

頻出度 ★★★

現代社会というテーマで出題された場合、多くの問題で難しい応用知識を問われます。受験生泣かせのテーマですが、出題されたことのある学者だけご紹介しておきます。

現代社会の学者

1 A.R.ホックシールドの「感情労働」

A.R.ホックシールドは、顧客の適切な精神状態を作り出すために、職務に応じた感情の維持と表現を行うことが要求される労働のことを「**感情労働**」と呼びました。サービス業では**自分の本当の感情とは切り離して、顧客に合わせて感情を示します**よね。このような感情労働が求められるわけです。彼女は、感情労働を深層演技と表層演技とに分類し、従業員にとっての両者の弊害を明らかにしました。

2 M.マクルーハンの「地球村」(グローバル・ヴィレッジ)

M.マクルーハンは、電子メディアの発達が、地球規模で同時的なコミュニケーションを可能にし、これによって**人々の相互依存性が高められる**と主張しました。遠隔地でもインターネットでつながっている現在を思い浮かべれば容易に理解できるはずです。このような世界を**「地球村」(グローバル・ヴィレッジ)**と呼んだわけです。

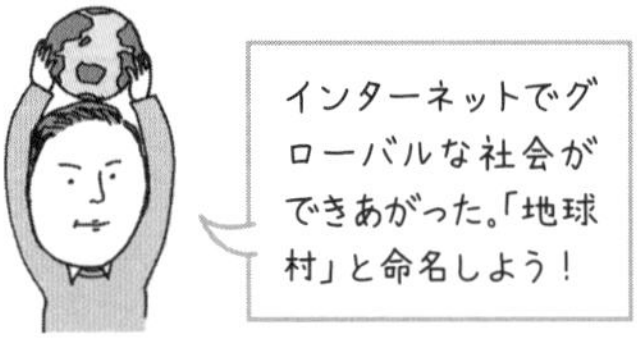

インターネットでグローバルな社会ができあがった。「地球村」と命名しよう!

M.マクルーハン

❸ B.アンダーソンの「想像の共同体」

　B.アンダーソンは、ネーションを近代が生み出した所産で
あるとして、ネーションを想像の共同体であるとしました。
これは、人々が想像の中に実在しているだけで、実際のやり
取りを通じて実在しているわけではないことを意味していま
す。ちなみに、私は「アンダーソンの想像の寝しょんべん」
と覚えました（笑）。

ネーションは、と
りあえず「国民」と
いうイメージで考
えておくといいよ。

❹ Z.バウマンの「リキッド・モダニティ」

　Z.バウマンは、現代社会が流動的であることを示す用語として「リキッド・モダ
ニティ」という言葉を用いました。具体的には、現代社会の特徴を、ソリッド・モダ
ニティからリキッド・モダニティへの変化と捉えました。ソリッドは固体、リキッ
ドは液体を意味するので、現代社会は、秩序や人間関係を規定するソリッドな規制
の枠組みから解放され、すべてが流動化したリキッドな状態になってきていると説
いたわけです。そのうえで、セキュリティ社会や消費社会のありようなど、現代社
会の現状についての分析を行いました。

❺ I.ウォーラーステインの「世界システム論」

　I.ウォーラーステインは、国際関係でよく問われる人ですが、社会学でもまれに
出題されます。彼の提唱した学説は「世界システム論」です。これは世界を階層化
し、中核 - 半周辺 - 周辺に分けるというものです。不平等に階層化されることにはな
りますが、その地位は時代とともに変わります。つまり固定的ではありません。試
験的には「非階層化」や「平等」などの言葉を見たら×肢と判断してください。

❻ G.リッツァの「マクドナルド化」

　G.リッツァは、20世紀を通じて起きてきた一連の合理化過程を見て、ファスト
フード・レストランのような合理的な生産と消費の諸原理が社会全般で優勢になっ
てきていると指摘しました。マクドナルドの経営に着目したのでマクドナルド化と
いいます。著書も『マクドナルド化する社会』という名前になっていますね。

Teramoto's Trivia　バウマンの著書の名も『リキッド・モダニティ』だよ。そのままだね。

7　R.パットナムの「社会関係資本」(ソーシャル・キャピタル)

　R.パットナムは、社会関係資本を、調整された諸活動を活発にすることによって社会の効率性を改善できる、信頼、規範、ネットワークといった社会関係組織の特徴であると定義しました。この社会関係資本のあり方は、社会問題の解決のカギとなります。そのうえで、イタリアの地方政府(北部と南部)の業績を比較

『哲学する民主主義』の中で、イタリアの地域による「制度パフォーマンス」の研究で導入した概念で、結束型と橋渡し型に区分した。

し、水平的な関係になっている北部の方が、垂直的な関係になっている南部よりも業績がよくなっていることを指摘しました。また、『孤独なボウリング』の中で、アメリカのコミュニティの崩壊が、信頼や互酬性といった規範を弱めたと分析しました。そして、このような社会関係資本の崩壊が、アメリカの社会諸問題の原因になっていると考えました。

8　U.ベックの「リスク社会」

　U.ベックは『リスク社会(危険社会)』という著書において、近代産業社会の進展によって人類に豊かさがもたらされた一方で、リスクが地球規模で人々の生活を脅かしていると主張しました。これを「リスク社会論」と呼びます。

環境問題や原発事故などをいうよ。

Teramoto's Trivia

リスク社会論は、1986年4月に起きたチェルノブイリ原発事故後に展開された。

1. A.R.ホックシールドは、顧客の適切な精神状態を作り出すために、職務に応じた感情の維持と表現を行うことが要求される労働のことを感情労働とした。彼女は、感情労働を深層演技と表層演技とに分類し、従業員にとっての両者の弊害を明らかにした。

【国家一般職H28】

1. ○
そのとおり。
感情労働というキーワードに反応できるようにしよう。

2. Z.バウマンは、工業化以後の社会のことであるグローバル・ヴィレッジ（地球村）について論じた。彼は、グローバル・ヴィレッジでは、技術の成長は無秩序な形で進んでいくことになること、技術職・専門職を管理する事務職が産業社会の主導的な立場になることなどを示した。

【国家一般職H28】

2. ×
グローバル・ヴィレッジはマクルーハンの提唱した用語。

3. M.マクルーハンは、近代以前に存在した共同体のことを、想像された共同体であるとした。彼は、近代以前に存在した共同体に関してのみ、想像されたという性質が強調されるのは、ネーションと異なり、想像の中でのみ実在的だからであるとした。

【国家一般職H28】

3. ×
想像された共同体は近代以降の所産である。またアンダーソンが提唱した概念である。

4. I.ウォーラーステインは、現代社会の特徴として、リキッド・モダニティからソリッド・モダニティへの変化が挙げられるとした。彼は、ソリッド・モダニティでは、全てが流動化していた状態から、秩序や人間関係を規定するソリッドな規制の枠組みが強固になっていることを示した。

【国家一般職H28】

4. ×
「ソリッドからリキッドへ」という変化なので誤り。また、バウマンの誤り。

14

現代社会

5. U.ベックは、『リキッド・モダニティ』などの著書
において、現代社会をリソッド・モダニティから
リキッド・モダニティへの変化として特徴付け、
セキュリティ社会や消費社会のありようなど、現
代社会の現状についての分析を行った。

【国税専門官 H30改題】

6. B.アンダーソンは、世界システム論を提唱した。
彼は、社会の構造変動は国民国家を単位として
起きていることを明らかにし、世界的な国際分業
において、全ての国家は階層化されることなく、
あらゆる点で平等であることを指摘した。

【国家一般職 H28】

7. Z.バウマンは、『哲学する民主主義』の中で、イ
タリアの地域による「制度パフォーマンス」の
研究において、成果の違いを生み出すものとし
て「社会関係資本（social capital）」という考え
を導入し、これを結束型（bonding）と橋渡し型
（bridging）に区分した。

【国税専門官 H30改題】

8. B.アンダーソンは、『リスク社会』などの著書に
おいて、近代産業社会の進展によって人類に豊
かさがもたらされた一方、リスクが地球規模で
人々の生活を脅かしているとした。

【国税専門官 H30】

5. ×
バウマンの誤り。

6. ×
世界システム論はウォー
ラーステインの理論であ
る。また、世界システム論
は国家を階層化し、不平
等を生じさせることを指
摘したものである。

7. ×
パットナムの誤り。

8. ×
ベックの誤り。

15 社会調査

社会調査は公務員になっても実務で役立つテーマです。様々な手法があるので、その特徴をおおざっぱに押さえていきましょう。

1 社会調査とは

　社会調査とは、社会で起こるあらゆる事象を調べるための調査をいいます。調査の主体や目的によって、官庁統計、市場調査（マーケティングリサーチ）、世論調査、地域調査、学術調査などに様々なものに分類されます。ここでは、まず量的調査と質的調査の違いを簡単に説明します。社会調査のあり方として、量的調査とは、統計学的手法を用いて、大量のデータを収集し、分析する方法をいいます。統計学に裏付けられた客観的な方法で一般化するので、主観が入りにくいという特徴を有します。次に、質的調査とは、一般に少数の事例について全体関連的にデータを収集し、分析する方法をいいます。若干、主観が入りやすくなるという側面があ

ね。例えば、**H.S. ベッカー**の『アウトサイダーズ』は、質的調査の代表的事例で、後述する参与観察法を用いました。

2 統計調査法の種類

統計調査法

1. 全数調査（悉皆調査）

2. 標本調査 ―― 有意抽出法（非確率標本抽出法）
　　　　　　 ―― 無作為抽出法（確率標本抽出法）

1 全数調査（悉皆調査）

　全数調査は、調査対象のすべてに調査を施す方法です。「悉皆調査」などと呼ばれることもあります。国勢調査や各種センサスが典型例です。国政調査は、日本では1920年（大正9年）以来、終戦直後の1945年（昭和20年）を例外として、5年ごとに実施されています（ヨーロッパ諸国では既に18世紀に行われていた）。全員を対象とするので、時間とコストがかかるのですが、標本誤差が生じないという点がメリットと言えるでしょう。

2 標本調査（サンプリング調査）

　標本調査とは、いわゆるサンプリング調査のことです。一定のサンプル、つまり標本を調査して、統計学的手法によって全体を推計する方法をとります。時間とコストはあまりかかりませんが、標本誤差が必ず生じるので、それをいかに減らしていくかが課題となります。

> 調査の結果から全体を推定するときに生じる誤差のこと。一般に、標本が多くなれば標本誤差は小さくなり、標本が少なくなれば標本誤差は大きくなる。無作為抽出法を用いた場合は、この標本誤差を計算することができるよ。

　そして、標本の抽出方法には大きく分けて2つあります。「無作為抽出法」と「有意抽出法」の2つです。無作為抽出法は確率論的に標本を選ぶためランダムサンプリング（random sampling）と呼ばれています。また、確率を駆使するので「確率標本抽出法」などと呼ばれることもあります。母集団からサンプルを（確率論的に）ランダムに抽出することから、標本の代表性が保証され、自ずと調査の客観性も高くなるというメリットがあります。正確さが売りって感じですね。一方、有意抽出法は主観的判断で標本を選び出そうとするもので、それゆえ「非確率標本抽出法」と呼ばれます。よく街角〇〇人アンケートのようなものをやっていますが、あれです。調査する側が主観的な判断によって母集団を代表すると思われる標本を選んでいるわけですね。ですから、どうしても偏りが出たり、客観性が低くなったりしてしまいます。

3 質問紙法

　データを収集する方法に質問紙法というものがあります。これは、調査票（質問紙）のひな型を配ってそれを回収する調査方法です。要はアンケート調査のことだと

思ってください。調査票の配り方や回収の仕方などから、5つに分類されます。試験ではメリットとデメリットが出題されやすいので、ざっと目を通しておきましょう。なお、調査員が調査票に回答を記入する方式を「他計式」、調査対象者が自ら調査票に記入する方式を「自計式」といいます。次の図でいうと、面接調査法と電話調査法は他計式、集合調査法と郵送調査法、配票調査法（留置法）は自計式です。

質問紙法

	定義	メリット	デメリット
面接調査法	調査員が調査対象者を訪問し、その場で答えてもらう。	回収率が高い。	時間やコスト（調査員の人件費）がかかる。
		調査員が記入する（他計式）ため、記入漏れが少ない。	調査員の個人差がでる（サボる人、態度が悪い人がいるかもしれない）。
電話調査法	調査対象者に対して電話で質問し、答えてもらう。	時間やコストがかからない。	複雑な質問や長い質問はできない（混乱するから）。
集合調査法	調査対象者を一定の場所に集めて、調査票に記入をしてもらう。	回収率が高い。	時間や場所によって集合できる人に偏りがでる（調査対象者の特性が偏る）。
		人件費があまりかからない。	
郵送調査法	調査対象者に調査票を郵送し、記入・返送してもらう。	地理的な範囲に限定がない。	回収率が悪い。
		コストがかからない。	回答内容の信憑性が低い（他人が書いたかもしれないから）。
配票調査法（留置法）	調査票をあらかじめ配布しておいて記入を依頼し、後日それを回収しにいく。	調査対象者に直接会わなくても調査ができる。	回答内容の信憑性が低い（他人が書いたかもしれないから）。
		面接調査法に比べるとコストがかからない。	

4 　社会調査の用語説明

　ここでは社会調査に関する用語を説明していきます。調査票（質問紙）を作る際などに注意すべき点などについても一緒に解説していきますので、一読してみてください。

◼ 1 　コーディング

　コーディングとは、集計作業を容易にするため、調査対象者の回答または資料の各標識をいくつかのカテゴリーに分類し、それらのカテゴリーに対して数字などの一定の符号を定めたうえで、個々の回答を符号化する作業のことをいいます。種類としては、調査実施の前後でプリコーディングとアフターコーディングに分けられます。普通、選択回答方式の場合はプリコーディングを使い、自由回答方式（その他の欄の記入など）の場合はアフターコーディングを使う感じですね。

◼ 2 　ワーディング

　ワーディングとは、調査票における質問の言い回しのことです。このワーディングの選択を誤るととんでもないことになるので、かなり慎重に吟味する必要があります。

◼ 3 　パーソナル質問とインパーソナル質問

　調査対象者の個人的な意見・態度を尋ねる質問をパーソナル質問、あるいは直接質問といいます。一方、世間一般についての調査対象者の意見を尋ねる質問をインパーソナル質問、あるいは間接質問といいます。両者は定義だけでは結構あいまいなので、例を示してみます。例えば、「あなたは何かスポーツをしたいと思いますか」という質問はパーソナル質問です。一方、「あなたは健康を維持するためにスポーツが必要だと思いますか」というのはインパーソナル質問ということになるでしょう。

◼ 4 　キャリーオーバー効果

　キャリーオーバー効果とは、前の質問が後の質問の回答に影響を与えてしまう効

果をいいます。例えば、①「受動喫煙が健康に害を及ぼすことを知っているか」という質問の後に、②「屋内を全面禁煙にするべきか」という質問を配置するようなケースがこれにあたります。このようなキャリーオーバー効果は質問票を作成する際に回避するべきであると言われています。

5　バイアス効果

　これはキャリーオーバー効果と似ていますが、いわゆる誘導尋問のように一定の回答に誘導してしまうような効果です。例えば、「待機児童の解消は喫緊の課題であるとされているが、あなたは保育所を増設するべきだと思うか」というような質問がこれにあたります。このようなバイアス効果も避けるべきでしょう。

6　ダブルバーレル質問

　ダブルバーレル質問とは、１つの質問で複数のことを尋ねる質問をいいます。例えば、「○○の店の豚肉は安いし、おいしいと思いますか」というような類のものがこれにあたります。「安い」と「おいしい」の２つのことを尋ねてしまうと、「安いと思うけど、おいしくはない」「安くはないけど、おいしい」と思っている人が回答に困ってしまいます。したがって、ダブルバーレル質問を回避するために２つの質問に分割することが望ましいとされています。

5　社会調査の方法

1　生活史法（ライフヒストリー法）

　生活史法とは、日記や手紙などの生活記録や、自伝、手記といった個人的な記録を収集・分析することによって、人々の生活の実態を読み取っていく方法です。生活史法を用いた代表的な研究としては、**W.I. トマス**と**F.W. ズナニエツキ**の『ヨーロッパとアメリカ（欧米）におけるポーランド農民』が有名です。

2　観察法

　観察法とは、読んで字のごとく観察によって調査する方法のことをいうのですが、さらに、観察対象や内容や方法に統制を加える（標準化する）か否かという視

『ヨーロッパとアメリカ（欧米）におけるポーランド農民』は、アメリカに移住してきたポーランド農民が、どうやってアメリカの環境に適応していったのかを調査したものだよ。

点で、統制的観察法、非統制的観察法に分けることがで
きますし、調査対象の生活に入り込むか否かで、参与観
察法、非参与観察法に分けることができます。試験的に
はとにもかくにも「参与観察法」が重要なので、これに
絞って説明していきたいと思います。

統制的観察法は、非統
制的観察法よりも客観
性が担保されるよ。

　参与観察法とは、調査者自身が調査対象集団の一員として振る舞いながら観察する
方法です。自らの身を投じて調査対象者の生活にコミットしていくので、内部実情
をつぶさに観察することができます。それゆえ、外からは見えづらい内部事情や、
感情の変化なども把握することができる点が最大のメリットです。ただ、観察者が
主観的に感情移入してしまうと客観性が担保できなくなってしまうので、注意が必
要です。

　代表的な参与観察法を用いた研究としては、ボストンのスラムに住むイタリア系
非行少年を研究したW.F.ホワイトの『ストリート・コーナー・ソサイエティ』が有
名です。また、アメリカの小都市を研究したリンド夫妻の『ミドルタウン』、1930
年代のアメリカ人が自分たちを6段階の社会成層に位置付けていることを明らかに
したW.L.ウォーナーの「ヤンキー・シティ調査」などが挙げられます。あとは前
述したH.S.ベッカーの『アウトサイダーズ』も参与観察法を用いた研究ですね。
これはリマインドです。

PLAY&TRY

1. 全数調査とは、悉皆調査とも呼ばれ、調査対象となったすべての要素を網羅的に調査する方法であり、我が国では、国内の人口や世帯の実態を明らかにするために行われている国勢調査が、代表例として挙げられる。

【特別区H29】

2. 無作為抽出法とは、ランダム・サンプリングと呼ばれ、母集団に含まれる個体をサンプルとして抽出する際には、調査者が意図的に抽出するやり方であり、確率抽出の原理を用いた抽出法ではない。

【特別区H29】

3. 雪だるま式抽出法とは、個人の生涯を社会的文脈において詳細に記録したものを資料として研究する調査法であり、この代表例として、トマスとズナニエツキが著した「ヨーロッパとアメリカにおけるポーランド農民」がある。

【特別区R1】

4. 面接調査法とは、調査員が調査対象者と対面して質問し、回答を調査対象者が調査票に記入する調査法であり、調査対象者との間に友好的な関係を成立させることなく、スムーズに回答を引き出すことが必要である。

【特別区R1】

1. ○
そのとおり。
国勢調査が全数調査である点は大切。

2. ×
無作為抽出法は、確率抽出の原理を用いる。

3. ×
生活史法の誤り。雪だるま式抽出法とは、有意抽出法の1つで、少数の調査対象者を雪だるまのように連鎖的に増やしていく方式である。

4. ×
回答は調査員が調査票に記入する。また、スムーズに回答を引き出すために調査対象者と友好関係を成立させることも必要である。

5. 留置法とは、調査員が調査対象者宅を訪問して調査票を配布し、後日それを回収する調査法であり、調査対象者自身に質問票を記入してもらうよう依頼しているため、調査対象者本人が記入したか不明であるという欠点はない。

【特別区H29】

6. 留置法とは、調査員が調査対象者を訪問して調査票を配布し、一定期間内に記入してもらい、調査員が再び訪問して回収する調査法であり、回収時に面接をせず調査対象者本人が記入したかどうかを確認できるという利点がある。

【特別区R1】

7. 留置法とは、自計式の調査方法であり、調査員が調査対象者を訪問して調査票を配布し、後日再訪問してその回収を行う方法である。

【特別区H25】

8. コーディングとは、集計作業を容易にするため、被調査者の回答又は資料の各標識をいくつかのカテゴリーに分類し、それらのカテゴリーに対して数字などの一定の符号を定めた上で、個々の回答を符号化する作業のことである。

【国家一般職H27】

9. ワーディングとは、面接の際、被調査者が回答に躊躇などしている場合、回答を促すために探りを入れる補足的な質問のことである。意識を尋ねる質問では、被調査者の考えを反映した正確な回答が得られるが、事実に関する質問に限っては回答に偏りが生じやすい。

【国家一般職H27】

5. ×
調査者対象者本人が記入したかが不明である。

6. ×
調査対象者本人が記入したかどうかを確認できないという欠点がある。

7. ○
そのとおり。
自計式という点も覚えておこう。

8. ○
そのとおり。
プリコーディングとアフターコーディングに分けられる。

9. ×
ワーディングは、質問をする際の言い回しのことである。補足的な質問ではない。

10. キャリーオーバー効果とは、被調査者が、調査票の最初に記された回答上の注意事項を詳しく読むことによって、後に置かれた全ての質問に対し、自分の考えなどを偏りなく、正確に答えられるようになることであり、社会調査においては望ましい効果の一つとされている。

【国家一般職H27】

11. ダブルバーレル質問とは、一つの調査票において、同じ趣旨の独立した質問が二つ以上含まれていることを指す。これらの質問に対する回答がそれぞれ異なる場合、どの回答が被調査者の真の考えを反映しているのか明らかでないため、質問を一つに統合する必要がある。

【国家一般職H27】

12. 統制的観察法とは、調査対象者や観察方法を統制して観察する調査法であるが、条件を統制することには限界があり、非統制的観察に比べて客観性が低下するという欠点がある。

【特別区R1】

13. 生活史法とは、調査者自身が調査対象集団の一員として振る舞いながら観察する方法であり、ホワイトの「ストリート・コーナー・ソサイエティ」が有名である。

【特別区H29】

14. 統制的観察法とは、調査者自身が、調査対象集団の一員としてふるまい、その中で生活しながら多角的に観察する方法であり、代表例としては、W.F.ホワイトの『ストリート・コーナー・ソサエティ』が挙げられる。

【オリジナル】

10. ×
前の質問が後の質問に影響を与えることをいう。社会調査においては望ましくない。

11. ×
ダブルバーレル質問は望ましくないので質問を分割する必要がある。

12. ×
統制的観察法は客観性を持たせるための手法である。

13. ×
参与観察法の誤り。

14. ×
参与観察法の誤り。

15

社会調査

15. 参与観察法とは、手紙や日記などの個人的記録や生活記録を用いて、社会的文脈と関連づけて記録する調査法であり、トマスとズナニエツキの「ヨーロッパとアメリカにおけるポーランド農民」が有名である。

【特別区H29】

15. ×
生活史法の誤り。

16. 参与観察法とは、調査者自らが、調査の対象である集団に成員として参加し、そこの人々と生活を共にしながら観察する調査法であり、この代表例として、W.F.ホワイトが著した「ストリート・コーナー・ソサエティ」がある。

【特別区R 1】

16. ○
そのとおり。
参与観察法のほかの代表例も押さえておこう。

やっと解放されたぞ！
あとは復習するだけだ。

索引

Staff

編集
堀越美紀子

ブックデザイン
HON DESIGN

カバーデザイン
HON DESIGN　渡邉成美

本文キャラクター・カバーイラスト
谷仲ツナ

本文人物イラスト
えのきのこ

編集協力
髙橋奈央

エクシア出版の正誤情報は、
こちらに掲載しております。
https://exia-pub.co.jp/
未確認の誤植を発見された場合は、
下記までご一報ください。
info@exia-pub.co.jp
ご協力お願いいたします。

著者プロフィール

寺本康之（予備校講師、公務員試験評論家）

埼玉県立春日部高等学校卒業、青山学院大学文学部
フランス文学科卒業、青山学院大学大学院法学研究
科中退。全国の生協学内講座講師、公務員試験予備
校 EYE 講師、東京法経学院専任講師を務める。大学
院生のころから講師を始め、現在に至るまで、主に
公務員試験や行政書士試験の業界で活躍中。専門は
法律科目（憲法、民法、行政法、刑法、商法・会社法、
労働法）と小論文。現在は、政治学、行政学、社会学、
社会科学、人文科学、面接指導など幅広く講義を担
当している。

寺本康之の
社会学ザ・ベスト プラス

2020年 4月1日　初版第1刷発行

著　者：寺本康之
©Yasuyuki Teramoto 2020 Printed in Japan

発行者：畑中敦子
発行所：株式会社 エクシア出版
　　　　〒101-0031　東京都千代田区東神田2-10-9-8F

印刷・製本：モリモト印刷株式会社

ISBN 978-4-908804-46-5　C1030